名人與都昌

主编

江西高校出版社
JIANGXI UNIVERSITIES AND COLLEGES PRESS

图书在版编目(CIP)数据

名人与都昌/石和平主编. --南昌:江西高校出版社,2021.6(2022.3重印)

ISBN 978-7-5762-1349-2

Ⅰ.①名… Ⅱ.①石… Ⅲ.①名人—生平事迹—中国—古代 Ⅳ.①K820.2

中国版本图书馆CIP数据核字(2021)第090990号

出版发行	江西高校出版社
社　　址	江西省南昌市洪都北大道96号
总编室电话	(0791)88504319
销售电话	(0791)88522516
网　　址	www.juacp.com
印　　刷	天津画中画印刷有限公司
经　　销	全国新华书店
开　　本	700mm×1000mm　1/16
印　　张	12
彩　　页	4面
字　　数	171千字
版　　次	2021年6月第1版
	2022年3月第2次印刷
书　　号	ISBN 978-7-5762-1349-2
定　　价	68.00元

赣版权登字-07-2021-615

△ 蔡元培一家合影(左起:黄仲玉、女儿蔡威廉、儿子蔡柏龄、蔡元培)

◁ 黄世振手迹

△ 曹雪芹研究会 2011 年年会合影留念（前排左起：张虎、王忠海、张学军、张书才、胡德平、朱虹、段启明、王林
郑翔、吕启祥；第二排右三起：李国平、汪国山、曹达洲；第四排右一：曹光华；第五排左四：邵伦秀；后排左三：
旺春；供稿：王旺春）

△ 胡德平向都昌县人民政府赠送《脂砚斋甲戌抄阅重评石头记》

《名人与都昌》编委会

序

石和平

鄱湖水落一川牵，
疑是银河沼泽眠。
鹤舞云霄天地迥，
舟移渚岛港湾延。
浮沉楚越兴亡泪，
见证沧桑过往烟。
不舍渊流千古唱，
浪花飞逐数先贤。

——《冬咏鄱阳湖》

鄱阳湖千百年来养育着都昌儿女，荡涤着兴亡沉浮，见证着历史变迁。世世代代都昌人在期盼和祈祷中，守望着鄱阳湖。历史上多少邑外名人驻足都昌，流连忘返，为都昌风光点赞，为都昌人文喝彩，或诵于诗文，或诉于传说，或遗于古迹，或融于山川……他们为世人了解都昌留下了不可或缺的资料。

都昌素有“五水三山分半田，半分道路和庄园”之说。都昌地理位置显要，“环山带水，形甲东南”，“倚山枕湖，实全省要害之地；自江藩论之，乃中流之砥柱；从外境望之，为北门之锁钥”。

都昌人文，独领风骚于江右。“宁沦鼎于弱晋，则有若陶长沙；殉大义于危城，则有若江故相；明礼经于来学，则有若陈可大。三君者，皆先代之名流，人伦之懿矩，然皆不产于他邑，而并育于都昌，长江之右莫敢望焉。”此为明万历江西按察副使王世懋为首编《都昌县志》作序所述。

经过邑外文人墨客浓墨重笔，都昌山更幽，水更远。谢灵运诗中，有“山水含清晖”的描写。黄庭坚《南康军都昌县清隐禅院记》开篇写道：“发豫章下流，略鄱阳之封，据彭蠡上游……有大聚落，是为古之鄡阳，今为都昌县治所，山悠而水远，能阴而善晴，升南山而望之，如李成、范宽得意图画。盖南山之于都昌，如娟秀人，直其眉目清明处也：其东则谢康乐翻经台，其西则石壁精舍，见于康乐之诗。石壁之湾洄，古木怪石，又陶桓公之钓台也。”这是对县城自然人文的高度概括。苏东坡游历都昌时曾留下优美诗篇：“鄱阳湖上都昌县，灯火楼台一万家。水隔南山人不渡，东风吹老碧桃花。”

邑外名人对都昌的影响，主要体现在人文和古迹上。影响最大者，莫过于两位朱姓人士。一是理学大师朱熹，他在知南康军期间，经常走进都昌考察文化、体察民情；他修复并掌教于白鹿洞书院，为都昌培养了大批人才，其中不乏出类拔萃者，如被称为“朱门四友”的黄灏、彭蠡、冯椅、曹彦约，及其再传弟子江万里、陈澔、余濂、余应桂、曹履泰……他们作为朱子传人，以朱子为榜样，有的创办书院，广聚门生，著书立说，光泽儒林；有的步入仕途，以爱国、亲民、清廉励其志，居庙堂则忧其民，处江湖则忧其君。由于朱子的栽培和影响，现代学者研究认为，都昌客观上存在一个儒学圈，或称朱门学派。二是明太祖朱元璋，他曾大战劲敌陈友谅于鄱阳湖，一举歼灭陈友谅，为建立大明王朝扫除了最大障碍。朱元璋通过这场鄱阳湖大战，在都昌留下不少美丽传说和文化古迹，如左蠡、朱袍山、柴棚、围里、圣驾墩……传说朱元璋曾在鄱阳湖落难，有一老人驾着小船，渡朱元璋于左蠡登岸，朱元璋回头四顾，不见老人和小船，却见一大头鼋在水中拨水点头。朱元璋大悟，遂封大头鼋为显应元将军并许立庙祀之。他书写并剑刻“水面天心”四个大字，至今仍保存在老爷庙旁，似在诉说世事沧桑。都昌人称显应元将军庙为“老爷庙”，入庙即见匍匐庙庭的大头鼋，联想到南京通往明陵的大道两旁，匍匐着许多石雕大头鼋，这应是大明王朝标志性文物，堪称大明镇国之神。

经过邑外名人亲历考证，为世人释疑解惑。如县治西南坐落着陶母墓，而江西有五处陶母墓。唐代中叶官拜同中书门下平章事的舒元舆在《陶母坟板文》中写道：“予帆彭蠡，见谢灵运石壁。壁东南行百步，许有高坟嵯峨……”此处“高坟”，就是长卧都昌矶山牛眠嘴的陶母之坟。“小子蹶起，疾眩视之”，踮脚远眺，见坟上“陶母”之字依稀在望，“坟前有碑，书迹照湖”。为了看得更清，于是“落帆上陆”，走到陶母墓前，发现坟板上并无碑文，感叹“坟板不书，岂斯意邪？”他在墓前，“徘徊耸慕，粪成斯文”。舒氏留下的板文，使人对陶母墓在都昌坚信不疑。都昌正在运筹重修，使陶母墓再现彭蠡之滨。又如宋学士洪迈撰有《太尉刘锜碑铭》，文中写道：“公姓刘讳锜，字信叔，出自庐南鄡阳，寄居秦州成纪。”于是，邑人对抗金名将刘锜祖籍都昌，坚信不疑，出了《刘锜研究》一书，并在其故里七里桥修了纪念陵园。

爱国丞相江万里，“其志念在国家，其精神在庐陵”。江万里在庐陵创办的白鹭洲书院，培养了大批爱国士子，其中不乏栋梁之材，文天祥、刘辰翁系江万里弟子，他们常来都昌拜会恩师江万里，留下不少诗文。

也有邑外名人，虽未到过都昌，但同都昌人有接触、有交往。刘少奇同志是党和国家主要领导人之一，他虽未来过都昌，但1958年7月12日夜晚，他在火车上同都昌参观团一行34人，同坐一个车厢，同都昌人热情交谈。他的谆谆教导和亲民作风让大家记忆犹新,参观团以《幸福的夜晚,难忘的会见》记其盛会。著名教育家、政治家蔡元培虽未来过都昌,但他夫人黄世振(仲玉)是都昌人;黄世振之弟黄世晖,成为他事业上的得力助手;高平叔(都昌县多宝乡西高村人)曾是蔡元培的秘书,他独挑重担,整理蔡氏身后文字,出了多本蔡元培研究巨著。近代史上著名文学家、历史学家、革命家和政治家郭沫若,也未来过都昌,但在第一次国内革命战争时期,他同都昌一位仁人志士李幼农戎马并肩,结为好友。他曾为幼农亡兄李伯农撰写《李公伯农先生墓志序》,成为一段佳话。

都昌文化底蕴深厚,引多少古今名人风云际会。2011 年中国红学会会长胡德平率红学专家来庐山举办红学和曹氏祖籍研讨会,到都昌做了考证,肯定了曹氏先祖曹孝庆就是都昌县龟山曹族曹炎村人。元儒吴澄为都昌先贤祠作记,第一次提出了都昌"朱门四友"之说。青阳腔(又称弹腔),最早形成于都昌,20 世纪 50 年代戏剧家、江西省文联首任主席石凌鹤从都昌调了十余名老艺人赴省传唱青阳腔,于是江西赣剧团应运而生。石凌鹤创作了新编《西厢记》,1959 年省赣剧团赴京汇报演出,"石西厢"唱红北京城,《人民日报》副刊载文《余音三日绕屋梁》。

铭记历史,缅怀先贤,虽物换星移,但能激励后人。发挥"存史资政、传承光大、团结育人"的作用,是政协文史工作的责任和使命。编辑《名人与都昌》,旨在通过邑外名人与都昌的关系,记录他们留下的足迹和墨迹,宣传都昌,为都昌发展服务。该书即将付梓,在此,谨向为编纂此书给予大力支持的各级领导、付出辛勤汗水和智慧的各界人士及所有参与人员,致以诚挚的感谢!

是为序。

前　　言

李　懋

都昌县政协早在2004年9月出版了《名人与都昌》一书，今又由县历史文化研究会，在原版基础上增写了都昌历史上有影响的名人。这不是单纯的补充，而是对都昌名人最全面的整理与宣传，其意义非常深远。

都昌历史悠久，文化灿烂。汉武帝之初立鄡阳，唐武德五年(622)置都昌。都昌有两千多年的沧桑变迁历史，是江西十大古县之一。都昌承彭蠡泽的精魂，沐鄱阳湖水的灵气，孕育出一代又一代的精英人杰。

中国的本土宗教是道教，而道教按一般说法是张道陵创始的，但汉时湖南郴州人苏耽爱鄱阳湖的山水，携母在元辰山(今都昌县北苏山)修道，遂使其地成为道教的五十一福地，实为这块土地上的宗教发端。

迨至三国末期，孙吴国灭，陶侃因鄱阳城破，父亲陶丹病亡，与母湛氏困鄡阳居。陶母截发筵宾，陶侃钓梭挂壁，遂成千古佳话。后来，陶侃官居刺史，封大将军，拜太尉，剑履上殿，位极人臣，扶持晋王朝半壁江山，却居功不傲，忠于晋室，其人品和功业在历史的长河中闪耀着光辉。

都昌这块热土浸染着忠烈节义，尤其是自宋以后，忠贞节烈之士绵绵不绝。南宋江万里、江万顷兄弟殉身报国，一门忠烈。余濂、余应桂为官清廉，劾奸抗倭，其精神名垂千古。南宋刘锜以寡敌众，以抗金名将美誉载入史册。

南宋淳熙年间，朱熹知南康军。都昌为南康军所辖县，朱熹遂与都昌结缘。在其重修的白鹿洞书院中，大批都昌学子师从朱熹，重教重学之风遍蔚都昌。“朱门四友”黄灏、彭蠡、冯椅、曹彦约文采斐然。深受程朱理学陶冶的陈澔，著书育人，光泽儒林。

南北朝时期，谢灵运在矶山建石壁精舍，吟咏山水。其后李白、刘长卿、苏轼、黄庭坚都曾在都昌的青山绿水中歌咏如画美景。文人诗者层出不穷，江一川、刘希匡、万起鸿、刘梦莲、李秀峰、余笛等乡土诗人也积极地用他们的文字诗化人生，诗化湖乡。

两千余年来，都昌因为地处江湖要冲，地势雄险，历史上时起烽烟，一代代英豪辈出。元代初年，杜可用第一个树起义旗，反抗忽必烈；元末，朱元璋与陈友谅大战于鄱阳湖；清同治年间，太平军与清军、地方团练在都昌血战；抗日战争期间，日寇侵入都昌，战火中许多热血英雄涌现了出来。尤其是 20 世纪上半叶，一批都昌热血青年勇立时代潮头，扬起马列旗帜，为救国救民流血牺牲。冯任、刘肩三、谭和、向先鹏和新四军驻都昌留守处主任田英等人，血沃湖山，彪炳千秋。

都昌文化底蕴深厚，引多少古今名人风云际会。2011 年，中国红学会会长胡德平率红学专家来庐山举办红学和曹氏祖籍研讨会，到都昌做了考证，肯定了曹氏先祖曹孝庆是都昌县龟山曹炎村人。都昌红学研究学者及北大红学研究学者，初步认为《红楼梦》作者曹雪芹的祖籍地是都昌。元儒吴澄为都昌先贤祠作记，第一次提出都昌

"朱门四友"之说。青阳腔(又称弹腔)最早形成于都昌,20世纪50年代戏剧家、江西省文联首任主席石凌鹤从都昌调了十余名老艺人赴南昌传唱青阳腔,于是江西省赣剧团应运而生。石凌鹤创作了新编的《西厢记》,"石西厢"唱红北京城。

宣传名人,传承名人,挖掘名人事迹,发挥名人效应,是摆在我们这一代人面前一个神圣的责任。在发挥名人效应方面,我们有许多工作要做。我想了想,我们应倡导建两馆:江万里纪念馆、鄱阳湖文化博物馆;建两楼:蔡岭衙前村的星凤楼、朱门四友院楼;建两园:红楼梦大观园、陶侃的陶家园。我们还要上下一条心一股劲,精心地把都昌打造成为中国书法之乡、中国老年人太极之乡。我深信,都昌当代名人会层出不穷,光耀千秋。

CONTENTS
目　录

汉武帝与野老岩

魏金玲

乾隆皇帝六下江南的故事可谓家喻户晓,而汉武帝刘彻率臣南巡却知者甚少。今天我要说的就是汉武帝率臣南巡路过都昌所发生的一件事。

公元前106年,汉武帝听闻天柱山一带山匪猖獗,官府征缴不力,当地百姓民不聊生,故率大臣司马迁等南巡今九江、庐山、安徽一带。一是征讨山匪,视察民情;二是招贤纳士,巩固朝政。

一天,武帝一行来到古鄡阳(今都昌)境内,见这里山清水秀、水天一色、风景独好,加上旅途劳顿,便命在此停宿。其间听人说南山不仅风光好,还有仙人居住,故率群臣登上南山。南山尽管山势并不挺拔,但被彭蠡环绕,树绿竹翠,别有洞天。武帝一行登到南山腰,有一绝壁亘崖挡在眼前,正要追寻去路,却见岩崖下有一面壁皓发老人,便命臣子上前问话,也正好休息一番。

臣子们上前不仅问了路,也没忘记皇上交代招贤纳士之事。因为他们知道,在这似仙境绝壁处独居一皓发老人,绝非凡者。通过对话交谈,果不其然,该老者有姜子牙的遗风,上知天文地理,下知人世更替,仙风道骨,似看破尘世。武帝闻之,便上前告之身份及南巡目的,并诚邀老者出山为官,辅佐朝政,与之同行。但老者辞之曰:“我乃一山中野老,归隐深山、面壁求道,就是为了使心若止水,远离尘世,求得心灵清净。”他求天子不要怪之,坚辞不出。武帝无奈,再无心情游历南山,便回到驻跸地。

武帝夜间难以入眠,野老仙姿历历在目。老人对人间世事的更替见解颇深,实令武帝难以忘怀。这样的能人异士,天下少有。故第二天清晨,武帝再率大臣一道登上南山,再次恳请野老出山辅政。不料,此时人去岩在,却留泓泉一眼,好像野老有先见之明。武帝叹之:“此乃天意,难偿夙愿,随他去吧。此岩权作野老岩吧。”从此,后人便按帝意称此岩为野老岩。至于再后来又有了野老泉的传说,那就是苏东坡南下省弟驻足南山的事情了。

彭蠡之滨　峨峨高坟
——舒元舆《陶母坟板文》读析

余星初

唐代舒元舆曾为陶母墓撰写板文①。

舒元舆，又名舒敬，浙江东阳人。幼聪颖，始学即警悟，元和八年（813）进士，拜监察御史，迁刑部员外郎，再迁左司郎中、御史大夫、刑部侍郎，以本官同中书门下平章事。他关心朝廷选拔用人制度，上书指斥科举场中存在贿送“珠贝金玉”的现象，并发出“何轻贤者重金玉邪”的感叹。他主张“取士不宜限数”，从实际出发，录取德才，以备选用。元舆才识过人，锐意进取，太和五年（831）献文阙下，上书当朝，洋洋八万言，其文精粹，可辅教化。元舆为《牡丹赋》一篇，时称其工。元舆死后，帝观牡丹，当众诵读其赋。帝与诸臣深受感动，为之泣下。弟元褒、元肱、元迥皆第进士，元褒又擢贤良方正，封员外郎。全家翰墨溢香。

从上文，我们知道舒元舆是一位有才华、有地位、重视历史文化之人。他常泛舟鄱阳湖，对都昌境内鄱湖北岸陶侃母亲湛氏墓，产生了浓厚的兴趣。他深感陶母之贤，在历史上堪与孟母比肩，在陶母墓前，有所见，有所思，有所感悟，有所遐想，徘徊不离，流连忘返。思索之余，他出于对陶母的敬爱，为没有碑文的陶母墓留下了碑文（又称板文）。舒氏碑文，成为研究中国三大贤母之一的陶母以及陶母墓葬地的重要文献和依据。

在舒氏板文中，他亲眼所见陶母墓的确切地址。他写道：“予帆彭蠡，见谢灵运石壁，壁东南行百步，许有高坟嵯峨……”此处“高坟”，就是长卧都昌矶山牛眠嘴的陶母之坟。谢灵运，南北朝诗人，迷恋鄱阳湖的湖光山色，迷恋鄡阳县“山水含清晖”的都村胜景，仰慕陶母之贤，在陶母墓百步之内的石壁山下，筑石

---

① 板文：碑文，古时多刻于石板上，故称板文。今多作“版文”，本书以同治版《都昌县志》为依据，用“板文”的说法。

壁精舍，与陶母墓为邻，在此读书赋诗。

陶母墓在视野中有些模糊，为了看得更清楚，“小子蹶起，疾眩视之”，踮脚远眺，坟板上“陶母”之字依稀在望，“坟前有碑，书迹照湖”。

在舒氏视野中，陶母墓形状高大。他在板文中有几处描写：“有高坟嵯峨”“彭蠡之滨，峨峨高坟”“彭蠡有竭，斯坟更高”。

舒氏对亲眼所见，并不十分清楚，于是，靠岸泊船，“落帆上陆”，干脆走下船来，走到陶母墓前，发现坟板上竟无板文，感叹“坟板不书，岂斯意邪”。他在墓前，“徘徊耸慕，粪成斯文”。一篇千古绝唱之板文，在舒氏心中，腹稿已成。

舒氏在《陶母坟板文》中，提出了哪些令人警醒、发人深思的问题呢？

一、父母教子一般常识。他写道：“常母之道，恩胜威，威不胜恩。”“然父之教主于兼之……母之教偏在慈。”千百年来形成“严父慈母”的传统。

二、现实社会比较普遍存在的问题。“而常子之性偏以骄，出由此也。偏气袭正，正气败绩。故往往恩过骄过……”古往今来，不争气的子弟屡见不鲜，人们不约而同地责以“无家教”之故也。

三、肯定“兼教”成功之典范。如“古孟氏母警戒若此，乃首以兼教轲，三变而至于道。去千年而陶之母亦以兼教侃，侃还至于道。”他盛赞陶母：“慈容严严，离立相望。中央寂寥，希吾或稀。”

四、兼教出贤，光照门户，功在国家，影响深远。他写道：“英英哲母，煦然化成。成之中而能驱其子，归其有极，是以陶家肥而晋家亦肥。”其影响不可限量：“呜呼，贤母之风可以卓往赫来，为千万年光！”

舒元舆纂成的《陶母坟板文》，全文如下：

常母之道，恩胜威，威不胜恩。而常子之性偏以骄，出由此也。偏气袭正，正气败绩。故往往恩过骄过，而闺门间有触命抵教，磨去法用者相半。古孟氏母警戒若此，乃首以兼教轲，三变而至于道。去千年而陶之母亦以兼教侃，侃还至于道。慈容严严，离立相望。中央寂寥，希吾或稀。太岁在卯，予帆彭蠡，见谢灵运石壁。壁东南行百步，许有高坟嵯峨，坟前有碑，书迹照湖。小子蹶起，疾眩视之，则陶母之字存。及落帆上陆，修式恪礼，以为父母教子大伦，不逃义方。然父之教主于兼之，言威恩不偏胜偏失者，或骨髓间有秦吴之谬。故州吁、石厚变为贼敌，非父子邪？且母之教偏在慈，夫以兼教犹有向者之谬，以偏教而无向者之谬，或鲜矣。英英哲母，煦然化成。成之中而能驱其子，归其有极，是以陶家肥而晋家亦肥。鸿声芬馥，扑染他类，肯使专司晨索家之疵到吾听乎？呜呼，贤母之风，可以卓往赫来，为千万年光，坟板不书，岂斯意邪？徘徊筌慕，粪成斯文。词曰：彭蠡之滨，峨峨高坟。有晋陶君，哲太夫人。前瞻千年，卜孟为邻。后千万年，卜谁为邻？西江悠悠，东湖滔滔。彭蠡有竭，斯坟更高。

同样是唐人的皇甫湜，也撰有一篇《陶母碑》。陶侃裔孙、浙江绍兴名士陶宗仪在皇浦湜文集中读到此文，不禁潸然泪下。舒氏文、皇甫文，交相辉映，高照鄱湖，为千万年光。

贤母、贤臣、贤士

——陶门三贤立德立功立言的故事

余星初　邹国坚

四大贤母有湛氏，六十四侯有陶侃，文坛巨匠有渊明。为母当学湛氏，做官当学陶侃，学诗当学渊明。

一、珍惜光阴

公元267年清明节，风和日丽，烟波浩渺的鄱阳湖（古称彭蠡湖）一眼看不到边，穿着有些破旧但很整洁的湛氏牵着陶侃走上一座小山岗，在一个较新的黄土堆前，湛氏把清晨精心准备的米粑放在坟头，嘴里念念有词："陶丹，我和你的儿子想念你，侃儿现在八岁了，每天去都村私塾，听从教诲，九泉之下你可以放心了……"

懂事的陶侃（字士行）双膝跪地，面对都昌（古鄡阳）巍峨的南山，双掌合十，俯身长拜。

擦干眼泪，娘儿俩牵着手沿着蜿蜒的乡间小道向一间茅屋走去，但见南村屋前桃花盛开，粉红的花瓣鲜艳惹眼；屋后池塘边的柳絲翠绿依依，红与绿相映成趣。

家里非常简陋，除了一个土灶便是一台木制织机，湛氏整天不停地纺纱织布，用卖布的钱勉强糊口。湛氏一心要培养孩子成才，只要看见小陶侃读书和练拳就开心不已，偶尔儿子贪玩一定及时教育，其他概不关心。

清明扫墓，私塾放假一天，湛氏照例问儿子所学功课，他回答道："先生昨天教了识字。"

湛氏说写给娘看看，小陶侃就用一根木棍一笔一画工整地写在地上：

光阴似箭　日月如梭

湛氏问是否知道日月如梭的道理，小陶侃摇摇头。

湛氏把手一招，陶侃跑过来。母亲指着手里两头尖尖还比较光滑的木头问："你认得这个吗？"

"梭子呗！"

湛氏把梭子放进织布机，双脚分别往下踩，带着线的梭子飞快地穿梭在织布机间。她问儿子："你看梭子在织机中跑得快不快？"

"快！和箭一般快！"陶侃似乎有所理解。

湛氏语重心长地说："儿啊！时光不会倒流，一个人要想做出成绩，从小就要珍惜时间，多读诗文。"

小陶侃像大人般重重地点点头，茅塞顿开。从此，他克制自己偷懒的冲动，在私塾刻苦学习，深得先生赞许。

湛氏整天纺线织布并操持家务，稍微好吃点的都留给小陶侃吃，比如她最爱吃鱼，可自己总舍不得吃，陶侃看在眼里记在心上。为改善母亲的生活，只要稍有空闲，他便带根鱼竿和一本书，来到门前不远的鄱阳湖边钓鱼。

陶侃看中南村矶山湖滨一块硕大的石头，上面恰好有个不小的平台，他便坐在上面边钓鱼边读书。他看书入迷后很少变换姿势，膝盖长年累月在这块石头同一个位置磨蹭，竟留下一个清晰的印记。当地乡亲把这块大石头亲切地称之为"陶侯钓矶"，离陶母墓近在咫尺，后来还成为"都昌八景"之一。

据《晋书·陶侃传》记载，在陶侃五十多年的地方官吏和戎马生涯中，不仅自己手不释卷，珍惜时间，还经常告诫部下："大禹圣者，乃惜寸阴。至于众人，当惜分阴。"

陶侃还对儿子们说："岂可逸游荒醉，生无益于时，死无闻于后，是自弃也。"他将此言作为家训，严格要求后人，他的曾孙陶渊明由此在《杂诗》结尾中感吟：

盛年不重来，一日难再晨。

及时当勉励，岁月不待人。

二、截发筵宾

陶侃十五岁那年，湛氏觉得不仅要读万卷书，还应该行万里路，支持他外出游学，增长见识，结交益友。

第二年冬天，陶侃在豫章郡结交的名士范逵骑马并带着仆从回访。恶劣的天气已经持续十余天了，当天鹅毛大雪依然下个不停。陶侃看见家徒四壁，不知如何是好。湛氏坚定地对儿子说："你负责接待朋友，其他一切由娘安排。"

俗话说巧妇难为无米之炊，湛氏一头走进房间，拿出一把剪刀，毅然将乌黑的长发剪下，划船到两里之外的都村集市换来米和酒菜。

为遮掩，湛氏将一条毛巾围在头上，再把食材拿到厨房。可大雪封山，灶前柴火不够，她灵机一动，把厨下粗壮的屋柱用刀削些下来，以弥补炒菜煮饭时柴火的不足。

一顿饭菜上桌，陶侃与朋友侃侃而谈，对其仆从同样彬彬有礼，范逵及仆从都非常满意。

湛氏又惦记儿子朋友的马没草料，于是转身来到床铺，掀起薄薄的被子，撕扯出自己垫床御寒的禾秆，并细心地将它剁碎，把客人的马也喂饱了。

范逵告别，陶侃一直把他送出古鄡阳县境。

出身钟鸣鼎食之家的范逵没想到一次拜访给陶母带来这么大的麻烦，事后听说十分感慨："非此母不生此子！"

所以《声律启蒙》有言："截发惟闻陶侃母，断机只有乐羊妻。"母德影响一生，以后陶侃交友也是一如既往的真诚。

相传张夔对陶侃有知遇之恩。一天张妻生病，需要到几百里之外去请医生。当时正值隆冬，天寒地冻，同事们都不愿前往。"滴水之恩当涌泉相报"，母训犹在耳，陶侃欣然前往，并把医生叫来，大家都佩服他对朋友讲义气。

三、封坛退鲊

"世胄居高位，寒士沉下僚"，九品中正制导致魏晋南北朝时期门第观念盛行，以致当时形成了"铁打的士族流水的皇帝"的局面。公元 296 年，陶侃来到京都洛阳，听说司空张华爱惜人才，慕名拜访。门人通报介绍其出身贫寒，张华几次推辞不见。面对上流贵族的轻视，陶侃潜心学习，在挫折面前不灰心，后来有机会与张华见面也没有心存怨恨。"路遥知马力"，一段时间后不少人认识到陶侃的才华。

赏识陶侃的杨晫给他的第一份职业是寻阳县吏，主要工作是管理该县古彭蠡湖渔业。有一个素来和陶侃谈得来的渔民，送了一坛鲊（腌鱼）给陶侃，一开始他不肯接受,渔民说:“听说你母亲大人喜欢吃鱼,就算我的一点心意!”一句话击中了陶侃内心最柔软之处,于是他没有推辞。

几天后正好一位同乡好友休假,陶侃托他将腌鱼带给住在南村的母亲享用,以表孝心。湛氏收到后,问清来龙去脉后,立即封存起来,叫带来的人带回,并写信责备道:“你利用职务上的便利收别人的礼物,你以为是孝敬,可对我没有任何益处,只会增加我的忧虑!”

收到母亲的回信后,陶侃明白这就是母亲在教育他明白防微杜渐的道理,立即把那坛腌鱼退还给渔民,从此不再接受别人的礼物。他特别交代家人,对亲朋也不能单方面收礼,只能礼尚往来,穷人家还要双倍回赠。

陶侃此后任督邮、领武冈令、封东乡侯等,担任地方官十余年,对晋朝官场浮夸空谈之风深恶痛绝,并提出批评:“为官者当尽职尽责,清谈名教是不作为,实干兴邦,空谈误国,那些玄之又玄的东西于国计民生有害无益!”他为官清廉,治理有方,为官一任,造福一方,当地百姓均交口称赞。

话说晋惠帝时期,人祸加上天灾,百姓没有粮食吃,只能挖草根、吃树皮,甚至不少百姓被活活饿死。大臣把民情上报朝廷,惠帝司马衷不解地说:“百姓没有粟米充饥,为什么不去吃肉粥呢?”

皇帝愚蠢,后宫干政,王室内斗,酿成“八王之乱”,引来五胡乱华,中原大地战乱频繁,国无宁日。当时荆州刺史刘弘贤明能干,爱惜人才,听说陶侃官声甚好,又熟读兵书,是匹“千里马”,千方百计将他招揽来帐下担任长史。

公元3世纪前后,乘晋宫室内乱之机,江南地区发生了“张昌之乱”,张昌以兴复汉室为名,陆续攻破九江、南昌、长沙、武昌等郡。朝廷命荆州刺史刘弘平乱,危难之际刘弘派陶侃指挥。陶侃将理论与实际相结合,有策略地排兵布阵,与张昌连打数十仗,都赢了,最后击毙张昌。刘弘在为他庆功时说:“我过去担任羊公(羊祜)的参军,羊公慧眼说我日后一定能达到他的成就。今天看见你的实力,断定陶公将来一定能达到我的成就。”

“乱世出英雄”,陶侃一战成名,首次展现了出色的军事才能,从此穿上战袍,驾着战车,戎马生涯长达31年。

四、送子三物

公元305年,扬州刺史陈敏起兵意图割据江南,荆州刺史刘弘任命陶侃为鹰扬将军，率兵平定“陈敏之乱”。有人在刘弘处挑拨说：“陶侃与陈敏有同乡之谊，如有异心，后果不堪设想。”

刘弘笃定回答：“久闻陶母贤惠，教子有方，我看陶侃是个大丈夫，定有忠义之节，断不会负我。”

为表示忠心，陶侃将儿子陶洪和侄子陶臻送到刘营为质，刘弘当即送回，以示信任。

在与陈敏之弟陈恢作战时，陶营的战船不够用，陶侃命令把运输舰用于战斗。有人认为这样违反朝廷的规矩，陶侃说：“将在外，情况紧急可以灵活处理，用官物讨官贼，没有违反原则。”

陶侃治军严谨，赏罚分明，凡有缴获即分赏士卒，自己从不私吞。将士勇猛作战，终于取得胜利。

为奖励他军事上的成绩，晋廷升陶侃为武昌太守、龙骧将军。这时湛氏年事已高，陶侃决定把母亲接到身边尽孝，鄡阳县令为了拍陶侃的马屁，在他家乡南村准备了隆重的送行场面，车马开道，锣鼓喧天，彰显母凭子贵，荣耀乡里。乡亲也是里三层外三层围观。可湛氏见此竟不肯上车，派人叫来了陶侃。

陶侃进屋后，湛氏关上大门，打开她的随身包裹，从里面拿出三样东西说：“离开家乡之际，为母要送你三个礼物：一是一包故乡的土，希望你永远记得家乡的山水；二是一只土碗，希望你如今锦衣玉食之时，也添一碗粗粮，保持本色，不贪荣华富贵；三是一块土布，希望你官袍加身，不忘布衣根本，尽忠履职，爱民如子。”之后，她还剪一小块土布缝在陶侃官服袖口，以补丁警示。

陶侃懂得母亲在间接批评自己，羞愧难当，忙令鄡阳县令偃旗息鼓，迅速撤出南村，陶侃一行接母亲低调而去。

明代张九韶在《重修陶母墓记》中赞曰：“世之为母者如湛氏之能教其子，则国何患无人材之用？”

在以后的军旅生涯中，陶侃更加爱护士卒，纪律严明，体恤百姓。在他担任武昌太守期间，有伙人公然拦江抢劫，杀人越货，令商贾、百姓人心惶惶。陶侃听说后，便派手下假扮商人过江。那些人果然前来打劫，他们展开厮杀，生擒数人。经审，这些劫匪乃王室司马羕手下。陶侃不惧权贵，上门逼司马羕交出劫匪，并将二十余名劫匪斩首示众，百姓拍手称快。此后武昌一带交通畅通，一度匪患绝迹,治下数千里路不拾遗,夜不闭户。

五、搬甓翁

实际掌握东晋军权的大将军王敦非常忌妒陶侃的能力和与日俱增的名声,趁陶侃返回江陵(今荆州)之机,突然免了陶侃的荆州刺史之职,宣布由其堂弟王廙接任荆州刺史。听说荆州原部将不听安排时,王敦认为是陶侃幕后指使,强行扣留他。杀还是不杀?王敦不停地在衙门内走来走去,反复权衡,犹豫不决。

幸亏长史陈颁十分清醒,对王敦说:“陶侃与大将周访为姻亲,如同一左一右两只手,哪有砍他左手而右手不来帮忙的道理?”

王敦这才打消杀陶侃的念头,平调陶侃为广州刺史。

当时广州为蛮荒之地,有杜弘、王机、温邵、刘沈等小股叛军。他们开始诈降,被陶侃识破。于是,陶侃将计就计,诱敌深入,一举活捉杜弘、王机等。陶侃交代手下:“写个布告,所剩匪徒限时归顺,逾期剿灭。”

果如陶侃所料,他们闻风丧胆,悉数来降。

相比之前南征北战,陶侃被调到广州任职后几乎没有战事,相当于任一份闲职。但他没有消沉和心灰意冷,黎明即起,正襟危坐,用大量的时间看书。他还让部下运来一百块墙砖,自己早上从书房全部搬到营帐大门,下午又一块不剩亲自搬回去,无论刮风下雨,严寒酷暑,从不间断。大家不知何意,笑称他是“搬甓(砖)翁”。

在广州一待就是十年,天天如此,儿子陶茂也很好奇,问父缘由。陶侃郑重地告诉他:“我的目标在于北伐,为国收复中原失地,你祖母过去经常教导我,现在过分的悠闲安逸,唯恐将来难当大任……”后来陶侃被重新起用时已60多岁了,但他依然精力充沛,都督八州军事。

故《龙文鞭影》中曰:“陶公运甓,孟母断机。”明代文学家吴国伦在《过都昌》一诗中也写道:陶公事业遗墟在,千古中原抱甓情。

六、遵母命限酒

晋后将军郭默强悍霸道,竟擅自杀害江州刺史刘胤,自代任江州刺史一职,连当时的丞相王导都忌惮郭默骁勇难制，不敢问责。陶侃听说怒起甩袖，立即执笔向王丞相写信："郭默杀死刺史就任命他为刺史，如果将来他杀害宰相是否也任命他为宰相呢？"

这一问让王丞相哑口无言，只得命陶侃率兵前往讨逆。郭默听说就遣人送布绢、婢女给陶侃，陶侃断然拒收。江州（今九江）城将士素知陶军英勇，其部将宗侯夜捆郭默父子投诚，陶侃令将郭默父子军门斩首，以儆效尤。

事后与众将士们喝酒庆贺，酒过三巡，陶侃却不再喝酒。大家纷纷敬酒劝喝，陶侃施礼道："陶某已喝三两，虽略有余量，可早年因喝酒过量而误事，之后答应家母饮酒限量，至今从未超过三两酒的限制，敬请谅解！"

后人赞他孝道，并将这一孝行编入《蒙求》，称"陈遗饭感，陶侃酒限"。

陶侃在军中也设有限酒令，对于部下酗酒和赌徒也是从严处理，军中没人敢触碰这条底线。

陶侃律己如同限酒，每天按时早起，一丝不苟地处理公务：往来信札，亲手书写；来访宾客，亲自接待。所管之事虽千头万绪，但无一遗漏，他办事心细如发。陶侃闲暇时看孔孟经书，曾著文集两部，可惜后来遗失不传。所以同时代的梅陶评论陶侃"机神明鉴似魏武（曹操），忠顺勤劳似孔明"。

陶侃任武昌太守时，视察时经过一处民宅，发现其屋前柳树似曾相识，陶侃下车仔细察看树干树枝后便对手下说："这棵柳树原在武昌西门，细查怎么移至此处？"

经查，此屋主人夏施正是管理柳树栽种等事务的公吏。此举确系公权私用，他把武昌府官柳偷偷移栽到自己家门前，自以为神不知鬼不觉，谁知陶公心细如发，并命令严惩不贷。手下将士都惊叹他见微知著，大事决断，小事精明，唯有据实上报，无一敢瞒骗。

七、鞭打拔稻人

话说大将军王敦把陶侃支到广州之后，每日花天酒地，忘乎所以，野心膨胀，思量同曹操一样"挟天子以令诸侯"。司马炎篡夺了曹家的天下，如今虽说"王与马共天下"，毕竟还不如自己当皇帝。

王敦逆贼最终被晋明帝擒获，晋明帝下旨命陶侃复任荆州刺史，加封征西大将军。百姓得知这一任命，奔走相告："陶大人又回来了！"士人乡绅莫不相互庆贺。

陶侃到任后首先劝课农耕，重视农业生产，战士闲时也必须垦荒屯田。他命令衙门严刑律、重教育、除苛政、轻税赋，在秋收时买米，饥荒时减价卖出救济，甚至开仓放粮，设棚施粥，甚得民心。荆州乡绅士民称他"陶菩萨"，并赋诗曰："为政从来在得民，陶公德可感群生。"

有一天陶侃下乡考察，看见有人手拿一把未长熟的稻谷，上前问他何意，那人回答："随意摘下玩耍。"

陶侃闻言大怒："农耕时节你自己不好好种田，竟浪费别人的粮食，来人，鞭刑伺候，以示惩戒！"

勤劳百姓拍手称快，并经常用这个故事教育小孩。重农等举措使荆州百姓有吃有穿，相对富足，周边不少百姓慕名迁至陶侃辖区。

陶侃治理地方政务及军务时，既从生产上开源，也从开支上节流。当时他的一些将领强烈要求派三万人守邾城，陶侃从成本高、作用小的角度考虑，没有同意，并以打猎为名带领手下实地勘察，开导他们说："邾城位于长江北岸，对内没有依托，对外接近敌境，难守易攻，即使驻扎三万人也没什么作用。须知增加三万人就增加一大笔支出，我们不能浪费朝廷的银子和增加老百姓的负担！"

据史料记载，几年后庾亮自作聪明派重兵驻守邾城，果然因为孤立无援，一仗被江北的敌军打败，白白牺牲了几万将士，糟蹋了钱粮。

八、锯末竹头

陶侃在军中造船时，监工叫工匠把剩余的锯末和竹头堆到外面去烧掉，被经常来视察的陶侃看见。他及时制止，叮嘱放入工棚备用，监工在他走后嘟囔："没见过这么小气的将军，这些废物能有什么用？"

有一年正月春节军营集会，庭院积雪较深，太阳一出，地上泥泞难行，平时生龙活虎的军官个个小心翼翼，生怕摔跤被同事笑话。陶侃见状叫人从工棚抬来锯末铺在上面，大家如履平地，监工及将士对陶侃佩服得五体投地。

相传桓温将军得令伐蜀，需要赶造大船，由于计划不周，中途没有施工所需的铁钉，工程即将搁浅，不知如何是好，便向足智多谋的陶侃将军求助。陶侃思索片刻,带他来到工棚,指着一堆竹篼说:“剁开削尖,用铁锅炒熟后可代钉用。”桓温感谢而去。

事后他以此告诫将士:天下本无废物,须开动脑筋,物尽其用,合理安排。有一次陶侃听说一位采购官在征用毛竹时,为不浪费连竹篼也一并运来,非常高兴,下令奖赏那位采购官。

在围剿杜弢时,陶侃为将损失降到最低,动了不少心思。虽然陶侃打仗鲜有败绩,但他深知兵法有云:“不战而屈人之兵,善之善者也。故上兵伐谋,其次伐交,其次伐兵,其下攻城。”

他眉头一皱,计上心头。待杜弢手下第一虎将王真叫阵时,他亲自打头阵。只见王真在战马上斜眼蔑视,陶侃并不计较,走近喊话:“杜弢本是益州小吏,盗用国库钱财,父亲死亡竟不奔丧。听闻你王真是个聪明人,为什么为一个没有品行的人卖命?你见过天下叛贼谁能善终?哪个有好结果?”

一席话似一支利箭击中王真,说话前他一只脚还横跨在马背上,一副傲慢不恭的样子,听陶侃之言后立即改变姿势,端坐在战马上,眼神中流露出几分敬重和恭顺。陶侃见此知道王真有所触动,大声传令收兵:“今日天色已晚,明日再战不迟!”

果然晚间王真派人约谈投诚,约截发为信,全军归顺。自此杜弢元气大伤,坚持不久就惨败而亡。

九、贤臣尽忠

公元328年,国舅庾亮主理朝政,谋求削弱将军苏峻的权力,任命苏峻为大司农,明升暗降。不料苏峻不吃这一套,干脆带兵以“清君侧”之名反叛,一路攻城略地,攻入都城建康,皇室一片恐慌,东晋危在旦夕。

庾亮急忙找到江州刺史温峤,请他一起抵抗苏峻,温峤沉吟道:“国难思良将,当务之急,非请陶侃出山不可!”

庾亮面有难色,江北名门士族出身的他总认为“上品无寒门,下品无士族”,门阀之见使庾亮看不起出自寒门的陶侃,曾多次表示陶侃不配居上游,握重兵。主政后,他立即任命温峤镇守江州,要求盯视荆州陶侃,以防越雷池一步。

庾亮不便出面,温峤心知肚明,只有上门做说客,以勤王之名恳请,并推举陶侃为盟主。陶侃对庾亮心存芥蒂，一开始没有同意，最终以江山社稷为重，不计前嫌，三思之后答应了。

是年五月，庾亮、温峤诸军齐会石头城外，陶侃召集会议，大多数人主张先拼一仗，鼓舞士气。陶侃认为势均力敌，我方联军没有优势，不同意强攻主张，下令在白石修营垒，后择机采取围魏救赵之计，在白木陂一举斩杀苏峻，使局势转危为安，东晋由此摆脱飘摇的噩梦，出现了难得的七十年国家太平。

因为再造晋朝之功，朝廷加封陶侃为太尉、长沙郡公，都督交、广、宁等八州军事。朝廷拜陶侃为大将军，将晋朝半壁江山交由他掌管，并让他享受佩剑上殿、入朝不拜的特权。

陶侃依旧严以律己，管理好职责范围之事，不干预朝廷政务。他忠心不二，深知权力越大，责任越重，也清楚依然有人怀疑他有觊觎篡权之心，当即亲笔写下了情真意切、文采斐然的《逊位表》，一次未批，再次上表。同时，他将朝廷所赐节麾、印信等上交，下令把军需物资、武器辎重、车马船舶全部造册登记，封存仓库。他主动退休，还权于朝，退位避嫌，用心良苦，一心要告老回封地，急流勇退。

公元 334 年，由于朝廷一再挽留，年迈的陶侃逝世于归途，葬于樊溪，谥号“桓”，赠大司马，享年 76 岁。消息传到鄡阳的那天，矶山钓矶上空电闪雷鸣，一道白光化龙而去。

事实最终证明，王敦、庾亮等人是以小人之心度君子之腹。陶侃位极人臣，掌握军政大权而没有野心，鞠躬尽瘁，死而后已。他自证清白，成为千古贤臣、万世楷模。正如苏轼评论的：“桓公忠义之节，横秋霜而贯白日”，陶侃不愧为“东晋第一忠臣”。

唐德宗时设立“武庙”，纪念六十四位最具贡献的武将，陶侃名列其中；宋徽宗时设立“武庙”，纪念七十二位最具贡献的武将，陶侃名列其中。

明代兵部侍郎余应桂在为《都昌县志》作序时说：“陶士行（侃）之忠，足卑王谢；陶元亮（渊明）之节，不愧夷齐。”千百年来，家乡都昌县更是将陶母湛氏和陶侃视为学习的榜样，陶公德才兼备的优秀品质永不过时，文治武功、忠孝双全的形象深入人心，是都昌首位“朝为田舍郎，暮登天子堂”成功逆袭的典范，民间甚至奉若神明。家乡广筑庙宇世代纪念，建陶庙 41 座，影响较大的有南、北二庙,就像陈述诗所吟:"都昌公故乡,千载享庙食。"

十、渊明劝学

"弱年逢家乏,老至更长饥",陶渊明的记忆中,民间有很多太祖婆湛氏贤惠和曾祖陶侃忠良的传说。陶侃死后,庾亮不仅散布谣言,诬蔑陶侃生八翼,梦想撞开九重天,而且还蓄意打压,阴谋挑拨陶茂等众子为爵位而内斗,导致陶侃后裔逐渐式微。陶渊明父亲喜好田园恬静,这一支搬迁到古鄡阳桃源乡十里陶家冲。陶渊明八岁时,父亲去世,家道衰落,生活贫困。

要说大司马的祖业还是有一些,比如家里面书特别多,有"四书五经"及《孙子兵法》《山海经》等。陶渊明从小喜欢读书,"少年罕人事,游好在六经",他看书的特点是广泛涉猎,"少有高趣",好友颜延之说他"历览千载书",并"好异书"。他在《与子俨等疏》中说自己"偶爱闲静,开卷有得,便欣然忘食"。陶渊明的观点是博览群书,开卷有益,"不求甚解",兼收并蓄。

在古鄡阳十里陶家冲村,青年时的陶渊明耕作之余依然手不释卷,早晨便吟诵起自己所写的《闲情赋》:

夫何瑰逸之令姿,独旷世以秀群。表倾城之艳色,期有德于传闻。佩鸣玉以比洁,齐幽兰以争芬。淡柔情于俗内,负雅志于高云……

此时从他家路过的族叔就一脸困惑地问他:"我儿子前些年也在老先生那里念了几年书,没看见他有什么进步,正打算退学帮我种田。"

渊明问叔父:"您种了几十年田地,每天亲眼看见过禾苗长了多高吗?"

族叔想了想说:"每天似乎不见有长!"

渊明接着说:"春天栽下禾苗,秋天收割稻谷,禾苗总在不知不觉渐次生长,我们肉眼难以看见,求学也是如此。"

"停止学习就像磨刀石,我们肉眼也没有察觉它的损失,时间长了直边往下凹陷之后,才知变了形状。所以请不要中断弟弟的学习。"渊明补充道。

这个形象的比方让族叔如大梦初醒、醍醐灌顶。

十一、不为五斗米折腰

公元 380 年春末夏初,晨曦照在浩瀚的鄱阳湖面,显得波光粼粼。中等身材的陶渊明满怀憧憬一个箭步跨上小船，面向群山怀抱的十里陶家冲深深鞠躬，毅然前往江州任祭酒一职。

上任之初的渊明“猛志逸四海”，提笔写下了四言诗《劝农》：

悠悠上古，厥初生民，傲然自足，抱朴含真……

民生在勤，勤则不匮。宴安自逸，岁暮奚冀？

但现实是军阀对政权野心勃勃，血腥杀戮，烽烟四起，民不聊生，下层百姓生灵涂炭，这让他十分失望。陶渊明便离职，之后十余年一心在家乡鄡阳陶家冲且耕且读，有一天渊明朋友带来朝廷最新消息，王丞相（王国宝）乱政，江州刺史桓玄领兵勤王，声讨王贼。

年逾六旬的陶渊明母亲头脑依然清醒，虽然知道儿子似丈夫生性淡泊，不热衷仕途，但也深知渊明曾祖父当年毕生护晋。考虑到她父亲孟嘉就是桓玄父亲高参，两家世交的关系，她当即给娘家兄弟修书一封，于国于家请荐儿子渊明再次入仕。

公元398年，渊明入桓玄府任参军一职。军旅生活紧张，但陶渊明依然牵挂家长和亲人。

“久游恋所生，如何淹在兹。静念园林好，人间良可辞。”

公元402年冬，母亲孟氏丧，陶渊明辞职回家守孝。

让陶渊明没有想到的是，桓玄起兵平定内乱，剿灭乱臣贼子，加封大将军后仍不满足，立马逼东晋皇帝“禅让”，自己又变成了乱臣贼子。

晋朝前后的历史惊人的相似！自曹操发明“挟天子以令诸侯”这套把戏后，司马昭等“徒弟”纷纷学习，循环往复……

被桓玄素不待见的刘裕，迅速以剿灭乱臣贼子之名起兵。虽然厌恶战争，但曾祖父陶侃为东晋平定乱臣贼子，陶渊明一脉相承，在这个问题上义无反顾，答应了刘裕的使者檀道济的请求。公元405年，陶渊明又受邀担任刘敬宣参军，在长江、鄱阳湖一带南征北战。

刘军势如破竹，桓玄挟天子一路溃退，不到一年的工夫，“名不正言不顺”的桓玄兵败被杀。陶渊明见目标完成便辞职回家。

“自古叹行役，我今始知之。”他第三次入仕前后不过一年时间。

公元405年，陶渊明正式去几十里之外的彭泽县赴任，心想一方面可以将长期关注的农村、农民的一些思考付诸实践,另一方面有十几亩官田可以种秫,保证了自己最需要的酒资有着落。

上任两个多月以来,陶渊明一方面下乡调查研究,另一方面整顿官场作风。有一天他接到报告,上级派人来到彭泽县治,渊明按礼节到驿站问候。谁知这位年轻的督邮官一见面就趾高气扬,对陶渊明一番斥责:“宰相府里七品官,我来彭泽就代表太守见你,堂堂县令不懂官场规矩,竟然不穿戴官衣官帽见我!”

陶渊明最看不惯这副小人得志的嘴脸和如此欺上压下的做派,立马奉上官印辞官,一刻也不愿多待,深夜与朋友辞别:“我不会为五斗米折腰!”

“不为五斗米折腰”也就成了气节和操守的代名词,其思想此后也成了中国读书人的精神堡垒,李白的“安能摧眉折腰事权贵,使我不得开心颜”,周敦颐的“出淤泥而不染”便是知识分子薪火相传的铮铮铁骨!

十二、归去来兮

陶渊明母亲经常引用曾祖母湛氏教导祖父陶侃的话:“文官不爱钱,武官不怕死”,希望儿子建功立业。渊明也希望有所作为,陶渊明曾五次入仕为“芝麻官”,奈何上层社会固守各自利益,钩心斗角,从不为黎民百姓着想,不合陶渊明民本和重农的思想。他感到无用武之地,理想每每被现实碰撞得粉碎,所以他时隐时仕一共十三年,真正在仕途行走不过六年左右时间,最长一次在桓玄幕府三年,最短一次是任彭泽令 80 余天。

行走了一百多里路,陶渊明总算回到家乡,就彭泽来说,自己归去,就南村来说,自己已归来;对官场来说,自己已归去,对家来说,自己已归来。陶渊明心里觉得必须把当时的心情和情况记录下来,告诫自己要死了入仕这条心,向外界隆重发布归隐宣言,欣然提笔写下《归去来兮辞》:

归去来兮!田园将芜胡不归?既自以心为形役,奚惆怅而独悲?悟已往之不谏,知来者之可追;实迷途其未远,觉今是而昨非。舟摇摇以轻飏,风飘飘而吹衣。问征夫以前路,恨晨光之熹微。

乃瞻衡宇,载欣载奔。童仆欢迎,稚子候门。三径就荒,松菊犹存。携幼入室,有酒盈樽。引壶觞以自酌,眄庭柯以怡颜。倚南窗以寄傲,审容膝之易安。园日涉以成趣,门虽设而常关。策扶老以流憩,时矫首而遐观。云无心以出岫,鸟倦飞而知还。景翳翳以将入，抚孤松而盘桓……

本文序中“于是怅然慷慨，深愧平生之志”一句充分说明他多次入仕绝不是为了生活的苟且，“日月掷人去，有志不获骋”是他一生的遗憾，但他已完全看清统治者的嘴脸。你方唱罢我登场，历史再次轮回，凯旋的刘裕迎回东晋皇帝，刘裕掌管全国军事，与皇帝同理朝政。从此，陶渊明再也没有应朝廷征召。

十三、隐逸之宗

陶渊明终于从“出世”与“入世”的矛盾中走了出来，留下“归去来兮”的千古佳话。唐宋八大家之一的欧阳修说：“晋无文章，惟陶渊明《归去来》一篇而已。”这是相当高的评价。另外，这是一篇高调归隐的宣言书，好朋友颜延之说他是“南岳之幽居者”，就是暗指他处南山而隐，沈约将他编入《隐逸传》，著名文学评论家钟嵘将陶渊明的隐逸身份与诗结合在一起，称他为“古今隐逸诗人之宗”。

古代有的人借归隐提高自己的名声，所谓终南捷径、以退为进、曲线求官，可陶渊明是真心实意的“隐”。归隐之后，朝廷希望他担任太学博士，不就，并赋诗以明志：“我实幽居士，无复东西缘。”

同样的诱惑据史料记载还有几次，在生活贫困、身体有疾病的双重压力下，老朋友、江州刺史檀道济带着酒肉等物资劝道：“贤者处世，天下无道则隐，有道则至。今子生文明之世，奈何自苦如此？”陶渊明那时已看清他的上司刘裕的狼子野心，故自称不是贤者，心里鄙视黑暗污浊现实，连酒肉这些生活上急需的东西也拒之不受。地方大员的劝诱、中央朝廷的征召都不能动摇他不再踏入仕途的决心。

归隐是陶渊明在险恶时代的主动选择。他不但自己弃官归隐，躬耕田园，自食其力，“夫耕于前，妻锄于后”，而且在《与子俨等疏》中也劝勉诸子安贫乐道，对五个儿子也不过分责备，一切顺乎自然，希望后人像他历来所主张的那样“先师有遗训，忧道不忧贫”“朝与仁义生，夕死复何求”。陶渊明大张旗鼓地走上“学而优则仕”之外的另一条道路，“不义富贵于我如浮云”，他树立的崇高人格一直影响后人。

十四、田园诗祖

终于回到离开三十年的南山都村旧居，面朝烟波浩渺的鄱阳湖，旁临太祖婆墓地“牛眠冢”，传说中的“陶侯钓矶”隐约可见。一家人齐动手，曾祖父遗留下来的老房子终于修葺一新，渊明找了一块木板，亲书“园田居”三个大字。

陶渊明逃避的仅仅是黑暗的政治，而不是生活，他最热爱生活。陶渊明之隐居不是“出家”或“索居”，而是离开仕途，退隐田园从事躬耕，与亲友、邻居相处，此所谓“结庐在人境”也。

陶渊明希望摆脱“心为形役”的局面，官场是“樊笼”，田园生活才是他的精神家园。

少无适俗韵，性本爱丘山。
误落尘网中，一去三十年。
羁鸟恋旧林，池鱼思故渊。
开荒南野际，守拙归园田。
方宅十余亩，草屋八九间。
榆柳荫后檐，桃李罗堂前。
暧暧远人村，依依墟里烟。
狗吠深巷中，鸡鸣桑树巅。
户庭无尘杂，虚室有余闲。
久在樊笼里，复得返自然。

他善于寓精奇于平淡之中，很少运用夸张的手法和华丽的辞藻，甚至连形容词都很少用，不雕琢，多用“素描”的手法，正如朱熹所说：“渊明诗所以为高，正在不待安排，胸中自然流出。”

他的诗在语言方面有的几乎是“田家语”，如“欢娱酌春酒，摘我园中蔬”“相见无杂言，但道桑麻长”“有客赏我趣，每每顾林园”等，即用家常话写家常事。不同的是，他在诗里注入了热烈诚挚的深情，注入了他的品质性格，注入了他的整个心灵。元好问用“一语天然万古新，豪华落尽见真淳”来总结非常到位，陶渊明的淳朴是深厚的，不是肤浅的，正如袁行霈先生所言：“他的语言看似浅显平易，含义却深刻而丰富。”

陶渊明在中国文学史上第一次赞美田园生活,将人与自然水乳交融,描绘得让人如醉如痴。“暧暧远人村,依依墟里烟,狗吠深巷中,鸡鸣桑树巅”表现出浓厚的民俗生活气息;“晨兴理荒秽,带月荷锄归”等表现出劳动与生活的宁静、平和、充实。别人瞧不起的平凡的乡村、田园、劳动,首次具有真正的审美意义,“天气佳”“草木长”“飞鸟还”等平凡的自然景象给人以无比愉悦的艺术享受。中国文学到陶渊明手中,才更广泛地将日常生活诗化,才真正开始“接地气”。

十五、桃花源

公元4世纪初,古彭蠡湖水南侵,水位升高,古鄡阳的县治完全淹入鄱阳湖中,宋武帝刘裕下令废鄡阳县,南山都村这边划入鄱阳郡,十里陶家冲那边划入浔阳郡,后来留下了一段“沉鄡阳,浮都昌”的千古传说。正月初五,新春团聚,恰逢惠风和畅,陶渊明令长子陶舒俨和堂兄弟们一同乘船前往古鄡阳游览。望着曾经的县城“傍无依接,独秀中皋”,对着湖水但见“鲂鲤跃鳞于将夕,水鸥乘和以翻飞”,他不由诗兴大发,写下平生唯一一首山水诗——《游斜川》。

陶渊明回来那天晚上做了一个梦,三面环山的桃源乡十里陶家冲突然沉入鄱阳湖底,瞬间长出天柱,与世隔绝。这里再也没什么苛捐杂税,更没有战争,就像回到他最羡慕的尧舜时代,村民自治、自给自足、人人平等、和平共处。

陶渊明起床后没有像往常一样去田里干农活,而是一气呵成《桃花源记》,并赋《桃花源诗》一首:

嬴氏乱天纪,贤者避其世。黄绮之商山,伊人亦云逝。
往迹浸复湮,来径遂芜废。相命肆农耕,日入从所憩。
桑竹垂余荫,菽稷随时艺。春蚕收长丝,秋熟靡王税。
荒路暧交通,鸡犬互鸣吠。俎豆犹古法,衣裳无新制。
童孺纵行歌,斑白欢游诣。草荣识节和,木衰知风厉。
虽无纪历志,四时自成岁。怡然有余乐,于何劳智慧!
奇踪隐五百,一朝敞神界。淳薄既异源,旋复还幽蔽。
借问游方士,焉测尘嚣外!愿言蹑清风,高举寻吾契。

陶渊明的《桃花源记》不仅脍炙人口,其所描写的“桃花源”更是千百年来寻求的理想家园。“人人心中所有,人人笔下皆无”,他是世界上最早想象并写出“乌托邦”的第一人。这块“乐土”没有战争、没有压迫剥削、没有税赋、没有钩心斗角，他们男耕女织，自力更生，老有所养，壮有所用，少有所学，一派“大同世界”，一切是那么和平、宁静、幸福，让人心驰神往……这是对污浊现实的审美超越。

“愚生三季后，慨然念黄虞”，他希望黄帝、虞舜再世，政治清明，人人平等，天下大同。这虽是空想，但是其思想的彼岸，在那个时代能达到这种境界实属难能可贵。所以梁启超说“渊明的一生，都是为精神生活的自由而奋斗”。

诚如陈寅恪大师所言：“陶渊明实吾国中古时代之大思想家！”他用生命在体悟，绝不随波逐流，既赞成儒家的修身进取，又反对鄙视稼穑，一心谋求生前身后名；既认为老庄的抱朴含真和返归自然，又不屑于为满足肉体和感官而放纵与颓废……其中的颖悟、旷达、率真远远高于当时所谓的“魏晋风流人物”。

十六、采菊“南山”下

古鄡阳汉朝置县，位于鄱阳湖的北岸，只见南村被南山、大矶山、小矶山等群山环绕，可谓“湖上群山抱邑城”。

群山中以南山最为挺拔，古木参天，曲径通幽。如把鄡阳比作一位“帅哥”，南山就像他清秀的眉毛。

“去去欲何之？南山有旧宅。”陶渊明隐居的首选之地便是鄡阳南山。

传说南山下的都村得到了西晋首富石崇的大肆投资，他打造了麻石街、“珁瑁阁”、金街岭等，还从洛阳移植来牡丹、红莲等奇花异草，将渔村装点成人间仙境。

结庐在人境，而无车马喧。
问君何能尔？心远地自偏。
采菊东篱下，悠然见南山。
山气日夕佳，飞鸟相与还。
此中有真意，欲辨已忘言。

这种意象的塑造技高一筹，王国维在《人间词话》解释说过去大多是“有我之境”，陶渊明这句是“无我之境”，是“豪杰之士能自树耳”，即达到了所谓的“遇境成趣，趣境两忘”，人与自然、我与物、情与景和谐统一，所以说：“屈子之后，文学上之雄者，渊明其尤也。”

每天起床后，陶渊明第一件事就是干农活。他来到南山旁开荒种庄稼，中饭后稍事休息，诗兴大发，吟道：

种豆南山下，草盛豆苗稀。
晨兴理荒秽，带月荷锄归。
道狭草木长，夕露沾我衣。
衣沾不足惜，但使愿无违。

其他南山村民来来往往中，也感受到陶先生没有一点架子。炊烟升起时，几个大老爷们谈谈种菊花和种桑麻的体会，爽朗的笑声不时从小院里传出来，有酒互酌，有暇互访，晚上渊明把这些乡野生活写成一首诗：

昔欲居南村，非为卜其宅。
闻多素心人，乐与数晨夕。
怀此颇有年，今日从兹役。
敝庐何必广，取足蔽床席。
邻曲时时来，抗言谈在昔。
奇文共欣赏，疑义相与析。

此《移居》诗可谓是源于景，发乎事，缘乎情，而以理统摄，真正情、景、理交融。陶渊明的诗歌描景状物少，重在抒情言志，从“奇文共欣赏，疑义相与析”“此中有真意，欲辨已忘言”“问君何能尔？心远地自偏”敲打了读者的灵魂之门，散发着理趣和感染的力量，从中可以看到《诗经》《楚辞》、汉乐府等文学的影响。陶渊明的诗别出心裁，主要突显了他是文学史上第一位有个性的诗人。

十七、五柳先生

读书之余，陶渊明经常想，自己半个身子已经入土，该总结一下自己，他和曾祖父陶侃一样，特别喜欢柳树，于是写了一篇《五柳先生传》：

先生不知何许人也，亦不详其姓字，宅边有五柳树，因以为号焉。闲静少言，不慕荣利。好读书，不求甚解，每有会意，便欣然忘食。性嗜酒，家贫，不能常得，亲旧知其如此，或置酒而招之。造饮辄尽，期在必醉；既醉而退，曾不吝情去留。环堵萧然，不蔽风日；短褐穿结，箪瓢屡空，晏如也。常著文章自娱，颇示己志。忘怀得失,以此自终。

赞曰:“黔娄之妻有言:‘不戚戚于贫贱,不汲汲于富贵。’其言兹若人之俦乎?衔觞赋诗,以乐其志,无怀氏之民欤?葛天氏之民欤?”

首次将陶诗整理成集的萧统说陶渊明“尝著《五柳先生传》以自况”。沈约的《陶潜传》深有同感,此言在《与子俨等疏》文中“开卷有得,欣然忘食”也能得到印证。黔娄妻之言即不慕荣利、不求身外之物,与陶渊明赞赏的“一箪食,一瓢饮,在陋巷,人不堪其忧,回也不改其乐”的贤德颜回的精神一致,无疑是陶渊明的生活和精神实录。

五柳先生的真性情无人可比,千古第一,不矫情、不做作。陶渊明的诗文朴素而真诚,不像其他文人墨客即便写山水田园,流露出仍然是对功名的感伤。因为他不是患得患失,悲愤而作,而是达到了超然洒脱的境界,就如他名和字中的“明”与“亮”(陶渊明,字元亮)一般了然。

读书、喝酒和写诗是陶渊明的三大爱好,这篇短文是中国文学史上第一篇传记,他用了9个“不”字对五柳先生进行介绍。陶渊明不重生前身后之名,无所谓别人看他是诗人、农民,还是县令。他对自己最在意,也最明确的身份意识是“隐士”,自称“羲皇上人”,虚化、淡化居住地:最后改名为“潜”也是这个意思。他的好朋友颜延之对陶渊明的想法非常了解,故在作《靖节征士诔》时写道:“元嘉四年某月日,卒于浔阳县柴桑某里”,均有意不予指明,以遂知己心愿,也因此留下陶渊明籍贯和桃花源原型等千古之谜。

十八、葛巾漉酒

“山悠而水远,能阴而善晴”,古鄱阳四季分明,毫不含糊。夏天的太阳似乎可以把红土地烧着,陶渊明在地里锄草汗流浃背,又饥又渴,他比往常提前归家吃中饭。

“酒为愁里伴,诗是意中人”,妻子翟氏知道渊明所好,正忙着蒸米酒。眼看过滤的纱布不够,陶渊明忙取下头上的葛巾漉酒,滤完拧干闻一闻又往头上戴。妻子嗔道:“你不觉得脏吗?”

渊明边尝酒边应:“酒是最干净的,况且有酒味在头上闻着都舒服。”

妻子无奈地笑着说:“知道你与酒最亲,诗中几乎篇篇不忘写酒。”

渊明并不辩解，标题中有酒的如《饮酒》《止酒》《述酒》。酒后太阳偏西，他泡好一杯菊花茶，带着一把琴来到门前的大樟树下，默默吟唱“漉我新熟酒，只鸡招近局”，同时像模像样地弹奏着，沉醉其中。

此时村中族弟经过，停下脚步却听不到琴声，不由奇怪地问：“兄长的琴坏了吗？”

陶渊明笑道：“老哥不懂音律，弹的是无弦琴，不过是与内心对话。”

见老弟一脸茫然，陶渊明便拉他到树底下坐下，叫妻子再摆杯盏，说：“休管那些，我们兄弟痛饮几杯便是！”

推杯换盏，你来我往，酒浓上头，陶渊明觉得睡意袭来，便举着杯子，似作诗般交代弟弟：“我醉欲睡卿且去。”

他一觉睡到大半夜，被邻居一声大吼惊醒，久久不得入睡，披衣下床，写下：

蔡裔有勇力，声若雷震。尝有二偷儿入室，蔡拊床一呼，二盗俱殒。

一篇微型小说既成，命名为“殒盗”，搁笔再睡。

“抚己有深怀，履运增慨然”，读罢可以深悲其志，不过是从另外一个角度来含蓄表达。他的“高趣”不光是一张素琴、一壶浊酒伴着南山秋菊。他最喜欢运用的形象是飞鸟、松树、菊花、孤云等，借物咏怀：“众鸟欣有托，吾亦爱吾庐”，诗文中有 6 首咏鸟，言及鸟类 42 处；作有“秋菊有佳色”等咏菊诗 6 首；“万族各有托，孤云独无依。暧暧空中灭，何时见余晖”简直以孤云自拟，象征自己光明峻洁的人格。当然，陶诗也有少数如《咏荆轲》，直吐忠愤和豪迈，像鲁迅所评价的一样：陶诗中除了论客所佩服的“悠然见南山”外，还有“精卫衔微木，将以填沧海；刑天舞干戚，猛志固常在”的金刚怒目。

十九、量革履

族叔说刘裕代表朝廷征陶渊明为著作郎，渊明说：“谢谢族叔费心，我从此远离官场，见到权贵不磕头，只想做一个自食其力的农民。”

隐居栗里期间，新任江州刺史王弘仰慕陶渊明德才，登门拜访，送酒致意，陶潜称病不见。后来好朋友颜延之来栗里看望陶渊明，看见先生如此窘迫，生活捉襟见肘，便叫手下取两千银两赠予陶渊明度日。陶潜爽快地说：“麻烦你让手下将银两给村口的酒铺，预付一年的酒钱即可。”

陶渊明虽“不为五斗米折腰”，洁身自好，是古代独善其身的典范，但不恃才、不使气，不像“竹林七贤”之阮籍那般任性狂狷，近乎癫狂。

江州刺史王弘求贤若渴，被陶渊明婉拒后，仍不死心，通过陶潜好朋友庞通之邀请到浔阳，酒酣之际，王弘再入场，这时陶潜不便拒绝，只好装作不知，没有让人下不了台阶。席间，细心的王刺史发现陶潜先生的鞋子非常破旧，便叫手下买双新鞋过来。手下人请陶先生把脚伸出量一下尺寸，陶潜边喝酒边伸出一只脚让他们测量。

陶渊明不忘初心，始终坚守如一，过着清贫困苦的生活，对主簿等官职都称疾不就。他曾借文中人物说“可食以酒肉者，可随以鞭捶”，可见他对当时的政治深为不满，“但恨殊世，邈不可追”，一个“恨”字反映了他的心境。鲁迅先生说过，陶潜并非浑身是静穆，所以他伟大。陶渊明把刺向封建世俗的锋芒，都掩盖在诗里。

虽然“弱冠逢世阻，始室丧其偏”，隐逸之后的陶渊明精神永远是积极的，他“泛览《周王传》，流观《山海经》”，官场的“违己交病”比饥冻更让渊明煎熬，他是看清了社会时势才退隐不出的。

虽然陶渊明有条件得到世俗所谓的“富贵”，但读书人没有原则地追求功名会蒙蔽人的心智。他有自己的生活信念和行为准则，人生第一要务是“衣食”，而衣食之谋在于躬耕。正因为忧道守节，他才能安贫乐劳而怡然自得。

二十、东林慧远

“南朝四百八十寺”，魏晋南北朝时期佛教颇为流行，浔阳方圆百里，数九江东林寺最负盛名。

东林寺因为其方丈慧远而闻名天下，当年桓氏家族赏识慧远的思想和人品，捐巨资在庐山西林壁旁为慧远寻得一块依山傍水之地建寺。慧远酷爱白莲，在寺院多处开池种下白莲。同时，他结交四海豪杰贤人，建斋立誓，并成立“莲社”，每每相谈尽欢之后送别，但从来是至虎溪止步。有一次，陶渊明随桓玄拜会慧远。桓玄作为大施主，又是一人之下、万人之上的身份，要求慧远过虎溪迎接。慧远断然拒绝，并回信说：“袈裟非朝宗之服，钵盂非廊庙之器，沙门尘外之人，不应致敬王者。”

陶渊明为人谦和，骨子里颇为清高，很少佩服一个人。世人都看重官位、钱财，他敬重的是品德。阅信后，他心生敬意，劝桓玄不必强人所难，如此高风亮节，值得过虎溪一会。桓将军非等闲肚量，带渊明亲赴东林，与慧远论儒议佛，渊明间或插言，三人第一次相见，竟然惺惺相惜，引为知己，畅谈归去。

慧远自创佛教净土宗，主张形尽神不灭。公元402年，共约123人在东林寺阿弥陀佛像前发誓，以期来生登西方极乐世界。因三年前谈得投缘，慧远事前致信邀请陶渊明参与。渊明不信来生和往世，认为人死如灯灭，但陶渊明敬重慧远，不想直接拒绝，对来者说："陶某活在当下，不可一日无酒，准饮则去，不准难行。"本以为出个难题婉拒，没想到慧远破例同意，渊明再无可推。去之后听他们谈论往登极乐、生命轮回的话题，他觉得兴味索然，乃攒眉而去。

陶渊明在《形影神》诗中用"形"代表佛家企求灵魂长生、"影"代表儒家求名以不朽、"神"代表自然造化，人一分为三，又合而为一，实际是以三者价值观来对话，突显理想与现实是冲突又调和的，反映了他对人生哲学的思考。据统计，陶渊明诗文引用《庄子》49次、《论语》37次、《列子》21次。从此可知他既有"穷则独善其身，达则兼济天下"的儒家思想，也追慕老庄清静自然的境界，还有佛家的悲悯……他总是从中汲取真挚而积极的养分。

"纵浪大化中，不喜亦不惧"，陶渊明一向达观，婉言谢绝慧远邀请他加入佛教"莲社"组织，陶诗中也看不出佛教影响。他对生死看得很淡，超脱豁达，如"匪贵前誉，孰重后歌？人生实难，死如之何？"意即人生如寄，对酒当歌，不忧来生，活在当下，"吁嗟身后名，于我若浮烟"。这些同样体现在《拟挽歌辞》中："有生必有死，早终非命促……千秋万岁后，谁知荣与辱？""亲戚或余悲，他人亦已歌。死去何所道？托体同山阿！"即使要进入死神的怀抱依然神情自然，平静坦然面对，所以他的知己颜延之评价其"视死如归，临凶若吉"。

二十一、乞食

陶渊明担心的事终于发生了，公元420年，刘裕认为时机已经成熟，逼迫晋恭帝禅让，效仿晋朝先祖，终于称帝，称宋武帝，改号永初。晋朝从此名实俱亡。

"忽值山河改"，不巧的是改朝换代第二年六月，一场突如其来的大火把南村"园田居"的老房子烧成灰烬，所幸人免于难。陶渊明改名为"潜"，带着妻子乘船一路向北,“匡庐彭蠡曲相连”,先到星子(今庐山市)后往庐山进发,一路讨吃讨住,颠沛流离,走到一个叫栗里的村子。虽然庐山山清水秀的地方很多,但栗里相对封闭、清静,既有阴阳八卦的外形,又具庄子逍遥的内秀,便与翟氏在此安家。

“弱冠逢家乏,老至复长饥”,年岁不饶人,干活越来越不如从前,两人慢慢地搭建小屋,开荒种粮,夏秋时生活尚过得去,冬天冷得睡不着,可谓是“披褐守长夜,晨鸡不肯鸣”。有一年大旱,“旧谷既没,新谷未登”,饥荒让这对老夫妻饿得只有吃野菜度日。

陶渊明最馋的是酒,到栗里后就很少尝过。好朋友颜延之已官至太守,看见他带来的酒,陶渊明的眼睛顿时亮了,一直疼痛的腿脚似乎利索起来,畅饮一番,不醉不归。

颜延之说:“听某人告状,先生写诗文在晋时皆题年号,从刘宋后不署年号,只按甲子落款,有耻事二姓之意。”

陶渊明回道:“陶某的确不齿别人背信弃义,为什么这样的事情屡屡发生,死一条鱼可能有各种原因,死一塘鱼是环境有问题!到栗里后我也反复想这个问题的缘由,现在真风告逝,大伪斯兴,没有人关注民生福祉,阴谋杀戮是手段,争皇位的根本在于不劳而获,这是最大的巧取豪夺!”

“先生所言极是!汉末以来君弱臣强,善良的百姓总寄希望由某个人来改变局势,不知应先建设好制度。读书人一心想治国平天下,其实也不过为某利益集团服务……听君一席话,胜读十年书!”颜延之再次折服。

陶渊明夫妻的身体一年不如一年,一天不如一天。重的农活干不动,年衰体弱,翟氏也只能做点家务,陶渊明只有拖着病腿一瘸一拐地在庐山附近乞食。

善良的百姓虽然自己吃了上顿没有下顿,但看见古稀之年的陶渊明上门,多少都施舍一些,寡言的他心里很感激,只好用诗来表达:

饥来驱我去,不知竟何之。
行行至斯里,叩门拙言辞。
主人解余意,遗赠岂虚来。
谈谐终日夕,觞至辄倾杯。
情欣新知欢,言咏遂赋诗。

感子漂母意，愧我非韩才。

衔戢知何谢，冥报以相贻。

公元427年9月，陶渊明自觉不久于人世，写下人生最后一篇《自祭文》：不封不树，日月遂过。匪贵前誉，孰重后歌？人生实难，死如之何！

两个多月后，陶渊明在贫病交加中撒手人寰。

二十二、靖节先生

陶渊明生于公元352年，卒于公元427年，享年76岁，其时政局混乱，民不聊生，几乎永无宁日，是社会动荡的多事之秋。他一生经历过三次改朝换代，十个皇帝轮流上台。

东晋时，社会底层唯一的科举取士上升通道还没开启，门阀世袭森严，陶渊明教育儿子不要在意功名利禄，不要以种田和贫穷为耻。在担任官职时，家里请了用人，他反复叮嘱儿子："不要因为人家是下人就看低人家，他也是人生父母养的，好生待他。"

正如他在《责子》中自嘲：虽有五男儿，总不好纸笔……其实陶渊明先生并不希望五个儿子追求世俗的功名利禄。有人据此认为他教子无方，为此黄庭坚反驳道："俗人便谓渊明诸子皆不肖，而渊明愁叹见于诗，可谓痴人前不得说梦也。"

离世之前，他谆谆嘱托大儿子陶舒俨："父走后，你作为长兄要做好榜样，和睦仁义，淡泊名利，安贫守拙，乐天知命，教育儿孙重品行、爱劳动、好读书……"

陶渊明在《命子》中赞扬曾祖"桓桓长沙，伊勋伊德""功遂辞归，临宠不忒"。祖父担任过千户太守之职，父亲"淡焉虚止，寄迹风云"，希望后辈继承"贤""德""廉"的家训，特别强调诗书传家，"开卷有得，欣然忘食"，并希望"兄弟同居，至于没齿""高山仰止，景行行止"。陶氏后人总结出"诚修身、重贤德、择交友、守廉洁、耐寂寞、孝人子、讲天伦、序长幼、尚节俭"等二十多条家训。

忘年交颜延之等好友闻讯赶到十里陶家冲，受陶舒俨之托商量谥号事宜，"时人不识凌云干，直待凌云始道高"，大家众说纷纭，颜延之最后总结陈词："文章千古事，留与后人评，但先生安贫守贱等高风亮节令我辈景仰，我看就号靖节吧。"

朱熹曾感慨道:“每寻高士传,独叹渊明贤。”钟嵘说:“每读其文,想其人德。”苏东坡在《与苏辙书》中说“深愧渊明,欲以晚节师范其万一”,还赞颂道:“渊明欲仕则仕,不以求之为嫌;欲隐则隐,不以去之为高;饥则扣(叩)门而求食,饱则鸡黍以迎客;古今贤之,贵其真也。”昭明太子萧统更是推崇其德,说他是“圣人韬光,贤人遁世”,自称“余爱嗜其文,不能释手,尚想其德,恨不同时”,又称赞他:“安道苦节,不以躬耕为耻,不以无财为病,自非大贤笃志,与道污隆,孰能如此乎!”陶渊明的高风亮节令后人仰止。

二十三、大腕儿粉丝

陶渊明遗作比较确定的有诗 125 首、赋辞 3 首、疏祭文 4 篇、记传赞述 13 篇,作品数量虽不多,但体裁较为全面。除个别几篇,其艺术感染力在玄言诗弥漫的东晋诗坛独树一帜,算是向当时的主流诗歌玄言诗发起挑战,开创一代诗风。他不追求骈俪华美,不堆砌辞藻,而是将诗的疆域扩展到田园,不仅带来了新鲜的景象、新鲜的声音,而且创造了一种叫“田园诗”的新诗体,对中国乃至世界文学影响深远。

朱熹在评价陶诗时说:“渊明诗,人皆说平淡,余看他自豪放,但豪放得来不觉耳。”比如《咏荆轲》中“雄发指危冠,猛气冲长缨”等,体现了陶诗“静穆”中有豪气的风格。

陶渊明诗文在玄言诗占主流的晋代不受重视。一个半世纪后,南朝梁昭明太子萧统对陶渊明推崇备至,着手编辑《陶渊明集》,这是中国文学史上第一部文人专集。萧统说读陶诗后“贪夫可以廉,懦夫可以立”,亲自为陶诗编集作序。但因当时追求华丽诗风,对其作品的艺术认识不足,钟嵘在《诗品》中仅将陶诗列入“中品”。

古代诗人影响最大的是陶渊明、杜甫、苏轼三家,他们的诗集版本最多,注家也不少。另有和陶渊明诗者众多,篇目可观。唐宋之后出现了一大批仰慕、追随和效仿陶渊明的人。

唐朝以后,研究者趋之若骛,出现了大批名人大腕儿粉丝。“诗仙”李白《戏赠郑溧阳》写道:“陶令日日醉,不知五柳春。素琴本无弦,漉酒用葛巾。清风北窗下,自谓羲皇人。何时到栗里,一见平生亲。”

“诗圣”杜甫视陶渊明为知己：“宽心应是酒，遣兴莫过诗。此意陶潜解，吾生后汝期。”孟浩然吟：“尝读高士传，最嘉陶征君。日耽田园趣，自谓羲皇人。”仰慕之情溢于言表。白居易自称“异世陶元亮”。这一时期，尽管陶渊明被看作“魏晋风骨”的代表人物，文学地位在不断提高，但还没有达到应有的高度。

宋代是“陶学”发展的重要时期，陶渊明在中国文学史上的地位逐步得到确立。欧阳修直白地说：“吾见陶靖节，爱酒又爱闲。”苏东坡说自己“无所甚好，独好渊明之诗”，达到骨灰级发烧友的程度。苏轼每次阅读陶诗，反复玩味，舍不得全部读完，留待生病时才看，并把共109首陶诗都和韵再作。

南宋词人辛弃疾在词中引用陶诗就达60篇，仿佛“老来曾识陶渊明，梦中一见参差是”。黄庭坚反复研读陶诗，说自己年轻时不懂得欣赏，历经世事后才知其好。郑谷说：“爱日满阶看古集，只应陶集是吾师。”陆游在《读陶诗》中写道：“我诗慕渊明，恨不造其微……千载无斯人，吾将谁与归？”他还自勉“学诗当学陶，学书当学颜”。

清朝沈德潜说陶渊明是“六朝第一流人物，其诗有不独步千古者耶”；林语堂称陶渊明为“中国最伟大的诗人”，并引为千年知己；朱光潜说得更明白：“可以和陶渊明比拟的，前只有屈原，后只有杜甫。屈原比他更沉郁，杜甫比他更阔大多变化，但是都没有他那么醇，那么炼。”

新中国相继出现了一大批研究陶渊明的专家学者，并形成了关于陶渊明诗文阅读、鉴赏与评估的研究之学，简称“陶学”。

1898年，德国汉学家佛尔克翻译出版《陶渊明·桃花源》；1905年，京师同文馆出版《陶渊明诗集》俄译本，并赠送列夫·托尔斯泰；1930年，梁宗岱的法文本《陶潜诗选》面世；日本对陶渊明的研究更是如火如荼……自19世纪末开始，陶渊明的诗文走向世界，九江学院也因此趁势发起并成立了陶渊明国际学术研讨会，使陶渊明研究成为一门显学，这应该是“著文以自娱”“不求身后名”的陶渊明所未预料到的，正如其《咏荆轲》尾句所云：“其人虽已没，千载有余情。”

陶渊明生于都昌、长在都昌

袁小帆

明崇祯六年(1633),邑人余应桂(任职三边总督、兵部侍郎)为《都昌县志》作序,写道:"陶士行之忠,足卑王谢;陶元亮之节,不愧夷齐……""都虽弹丸,不乏文献。"此说肯定了陶渊明是都昌人。

清同治版《都昌县志·寓贤》载:陶潜,初讳渊明,字元亮,太尉侃曾孙。博学善属文,有高趣,尝著《五柳先生传》以自况。起为州祭酒,不堪吏职自解归里。州召主簿不就,后为镇军建威参军,谓亲朋曰:"聊欲弦歌以为三径之资,可乎?"执事者闻之,起为彭泽令。郡遣督邮至,县吏白宜束带见。渊明曰:"我岂能为五斗米折腰,向乡里小儿?"即日解绶,赋《归去来兮辞》。初隐邑西大矶山,见宋祖王业渐隆,乃改名潜,交遁于庐山栗里,终身不应征命,世号靖节先生。可知陶渊明生于都昌、长在都昌,乃历史事实;晋宋换代,渊明隐居栗里,也是历史事实。现将原载《陶侃研究》"附录"一文,稍做修改,编入本书。

"采菊东篱下,悠然见南山。"这是晋代田园诗人陶渊明所作二十多首《饮酒》诗中的两句,也是人尽皆知的两句。千百年来,读者只知陶渊明是江西浔阳人,却说不准是浔阳治下的何县何乡,诗中的"南山",又在何处?近年来,由于旅游事业的兴起,为了打文化名人旗号,出现了多座"南山",好几处"故里",其目的是招徕游客,发展地方经济,那另当别论。但作为严肃的学术探讨,作为对历史文化名人籍隶的考证,应忠于史实,理当言之有据。遗憾的是,有权威居然未加考证就宣称:渊明诗中的"南山"就是庐山,"醉石"就是渊明故里,《饮酒》诗就是陶渊明醉后在"醉石"上写的,自此错引错注,谬误至今,但读者是否认同,颇值得怀疑。因为庐山就是庐山。其得名始于殷周时代有位姓匡名俗字子孝的人,结庐于此山修道,周定王及后代的周威烈王先后遣使臣登山寻访,均未遇,唯庐独存。后人遂称此山为庐山、匡山或匡庐。所谓"南山"即庐山之说,实难令人信服。至于说渊明此诗是在"醉石"上写的,更有悖于常情。我们知道醉石就在庐山汉阳峰侧,也就是庐山之上。试想如果陶渊明身居庐山,又何须云

“见”呢？难道一个正常人会看不见脚下的山吗？年前有媒体著文称：“总之，人们都不认为庐山就是陶诗中的‘南山’。”（见《信息日报》2001 年 9 月 14 日发表的《陶令不知何处去》）但此文并未引起学界重视。《汉书·礼乐志》有云：“汉兴，拨乱反正，日不暇给。”改革开放至今二十多年了，对于古旧诗文中的错引错注，窃以为急需进行一次正本清源，以免误导后学。近年来，笔者因编纂《豫章历代名人韵事录》（暂定名），翻阅了不少的古旧文献资料，发现古人叙及渊明祖居时并无含混不清之处，如《艺文志》录存的明代参政吴国伦（兴国人），经都昌时写的一首七律《过都昌》云：

湖上群山抱邑城，夕阳孤棹远天横。
黄花何处逢人笑，白发应从此夜生。
万里星辰缠杀气，几家砧杵动秋声。
陶公事业遗墟在，千古中原抱甓情。

又如明代监察御史陈述（苏州人）写的《谒陶桓公庙》（节录）：

苏峻谋不轨，肆然掠郡邑。宗社皆震惊，杀戮血流赤。我公建义旗，奋勇诛贼逆。壮气横秋霜，忠贞贯白日……无端萋菲言，苍蝇污白璧……都昌公故乡，千载享庙食……

前诗的作者是明代参政，后者是监察御史，都是当时的知名学者。前者说他路过都昌时陶公遗迹还在，后者说都昌是陶公故乡，可见古人确信都昌为陶侃故乡，而陶侃为陶渊明曾祖，故陶渊明祖籍都昌并无异议。为了让历史事实说话，本文力求采证史料记载，客观真实地对渊明故里之村舍起源、家族沿革、先人事迹以及渊明诗中的“南山”均一一对照文献记载和渊明在诗中的自白加以阐述，以便正本清源。

一、渊明故里考证

陶渊明故里在古之浔阳郡鄡阳县（今都昌县）左蠡乡十里陶家冲。左蠡位于蠡水东岸，古代以东为左，故称左蠡。鄡阳在三国时隶属柴桑郡，为东吴孙权屯兵处（见《三国志》）。当时陶丹（渊明高祖）在柴桑郡任都尉（一种仅次于郡守的武官）。他为安置妻妾，遂筑庐于蠡水东岸，这就是左蠡陶家村的起源。公元 259 年，陶丹夫人湛氏生子侃字士行（渊明曾祖）。公元 265 年，司马炎篡位称帝，改国号晋，定都洛阳。翌年陶丹战死，当时陶侃六岁，由寡母陶太夫人抚育成人。侃幼有大志，常坐湖畔巨石作垂钓状，实默筹匡时济世事也。后人遂称此石为陶侯钓矶。据《豫章今古记》载："陶侃幼孤贫，常坐湖畔巨石垂钓，累年不移，其石膝磨有痕。"又据《江西通志》载："钓矶山在都昌县城西南，晋陶侃微时垂钓于此，得一梭，挂石壁，后化龙而去。"历代骚人墨客游此，颇多题咏，兹录其一以为证。

陶 侯 钓 矶

［元］邵新远

清谈坐砥笑沉浮，一线竿头钓八州。

任是壁间梭化去，矶头独把五湖筹。

侃初为县吏，娶邻女蔡氏，生子嗣洪、瞻、斌三人。《南康府志》称生子十六人；《都昌县志》称生子十七人，见诸史书可考者，唯洪、瞻与斌耳。如《晋书·陶侃传》有云：初范逵荐侃于庐陵太守，至洛阳，张华见而异之，除郎中（官名），既而补武冈令，会刘弘为荆州刺史，辟为南蛮长史，讨贼张昌，破之，以功封东乡侯。后闻母病，侃事母至孝，倾囊中所有，命长子洪返里，建豪华府第于村南颐养慈母天年。《陶氏族谱》叙及此事有云："侃备威仪。迎母官舍，乡里荣之。"《江西通志》载："陶桓公旧府第在都昌县左蠡乡陶家村南二里处。"永兴二年（305），陈敏据历阳，弘以侃为江夏太守往讨，或谓弘曰："侃与敏同郡，又同岁举吏，脱有异志，荆州无东门矣。"弘不听，且曰："匹夫之交，尚不负心，况大丈夫乎？"侃闻言遣长子洪（这是史书里第二次提到陶洪）诣弘署以自固（相当于人质），弘用为参军。侃讨敏累年不克，忽报老母病逝，遂辞官归里守孝，隆重葬陶太夫人于蠡水之滨。有唐代名臣舒元舆、皇甫湜手书陶母坟碑铭可考。原文均较长，仅节录部分以为证。

陶母坟板文（节录）

［唐］舒元舆

太岁在卯，予帆彭蠡，见谢灵运石壁。壁东南行百步，许有高坟嵯峨。坟前有碑，书迹照湖。小子蹶起，疾眩视之，则陶母之字存。及落帆上陆，修式恪礼……呜呼！贤母之风，可以卓往赫来，为千万年光。

陶母墓侧之谢灵运石壁古文献亦有记载。据《太平寰宇记》载：石壁精舍在都昌县西北七里处，有石如壁。西有层台，本谢灵运旧宅。所谓精舍者，谢自有诗云："昏旦变气候，山水含清晖。"壁间旧有"石壁精舍"四字，系谢灵运手迹。明正德时，提学李梦阳书以新之，今尽崩没矣。又据《江西通志》载：石壁精舍在都昌县西北临江处，有石如壁，谢灵运居此。旧有"石壁精舍"四字，今不存。明正德年间，提学李梦阳书以新之。

侃次子瞻，史书记载颇详。瞻少有才气，历任广陵相，庐江、建昌太守，迁散骑常侍，封都陵侯。后被苏峻贼将冯铁谋害。朱熹在《乞加封陶威公状》有云："始苏峻之祸，贼将害侃子者冯铁也。峻伏诛。冯铁奔石勒，石勒畏陶公之强，杀冯铁。"瞻遇害后，追赠大鸿胪，谥曰愍。荫其子陶弘袭祖爵，世享国恩。

幼子斌，史亦有记载：咸和四年(329)，江州刺史温峤卒，朝廷命峤军司马刘胤都督江州。侃曰：刘胤非都督之材，用此人必生内乱。司徒王导不听。次年，胤部右将军郭默果杀刘胤请自代。王导惧默骁勇难制，许之。侃闻变，遂举兵征讨。兵至，默部将缚默来降。诏命侃都督江、荆、雍、益、梁、交和江夏八州军事，领刺史衔。侃为了巩固东晋统治，又马不停蹄地遣幼子斌与南中郎将桓宣西伐樊城击败石勒，又使兄子臻及竟陵太守李阳共破新野，遂平襄阳。侃加拜大将军。从侃晚年仅用幼子陶斌一人这一事例分析，侃生子十六七人之说，可能不确。若有如许子嗣，上阵焉有不用父子兵之理。朱子所云："既士行溘，先朝露后嗣零落"是可信的(见朱熹《乞加封陶威公状》)。

陶淡(渊明父)名如其人，或为侃之子陶夏之子，他终生未就，故《都昌县志》只在《寓贤篇》中，简单地提到他"名冠隐逸"，却无正传。晋代朝野"崇尚清谈，专事虚无"，特别是佛教、道教，在江西盛极一时。由江州刺史桓伊倡建、慧远禅师任住持的庐山东林寺，当时就形成了"僧众云集，四海归心"的局面。在当时社会风气的影响下，陶淡待到渊明婚娶后，即与友人外出云游五岳名山而不知所终。

陶渊明"博学善属文，有高趣，尝著《五柳先生传》以自况，又撰《桃花源记》而名重故里。起为州祭酒，因不堪吏职自解归里，州召主簿，不就。后为镇军建威参军，尝谓亲朋曰：聊欲弦歌以为三径之资，可乎？执事者闻之，起为彭泽令。郡遣督邮至，吏白宜束带见。渊明曰：我岂能为五斗米折腰向乡里小儿？即日解绶，赋《归去来辞》"(见《都昌县志》)。是时为义熙二年(406)，渊明从彭泽解绶后，连夜乘小船回家，深感过去有如“误落尘网中”，顿觉“今是而昨非”。他站在船头引吭高吟《归去来兮辞》腹稿“舟摇摇以轻飏，风飘飘而吹衣”，心情轻松舒畅。次晨，船抵左蠡陶家港，当时天还未亮。由陶家港到陶家冲还有一段山路，夜黑看不见，因此“问征夫以前路，恨晨光之熹微”。走着走着，东方渐现鱼肚白。终于，“乃瞻衡宇，载欣载奔”。他远远望见了自己的府第，心里高兴，跑步向前。“童仆欢迎，稚子候门。”家里的书童仆妇都出来欢迎他归来，小儿子在门前等候他……衡，古代楼殿边上的栏杆。《汉书·袁盎传》：“百金之子不骑衡。”衡宇，即有栏杆的楼台殿宇，此处指陶公府第。在越穷越光荣的年代，有学者将“乃瞻衡宇”诠释为“远远望见了自己简陋的房子”，并详加注释云：“衡，同横。衡宇，即用横木为门的房子。”殊不知不用木板光用横木做门，是农民关耕牛的牛棚，陶渊明当时会赤贫至此吗？这纯属迎合时弊的违心之谈，实不足为训。试想，陶渊明当时如果贫困至此，他又怎样养得起书童仆妇呢？又怎会有“童仆欢迎”他呢？

陶渊明自彭泽辞官归来后，对当时“权钱勾结，货赂公行”“谗人高举，贤士无名”的东晋腐朽政权感到极度失望。“请息交以绝游。”这是渊明发自内心的悲愤。“世与我而相违，复驾言兮焉求？”世俗和我格格不入，我又何必驾车出去游说，去求他们什么呢？“登东皋以舒啸，临清流而赋诗。”他的大量田园诗文就是在这期间创作的。“农人告余以春及，将有事于西畴。”“开荒南野际，守拙归园田。”“晨也肆微勤，日入负来还。”如此种种使他有“久在樊笼里，复得返自然”之感。他在自己的故乡写诗学圃，慢慢也就习惯了，他希望“但愿长如此，躬耕非所叹”。可是无情的战火却烧到了他家门口。这才使诗人陷入“南圃无遗秀，枯条盈北园。倾壶绝余沥，窥灶不见烟”的困苦境地。据《都昌县志》载：檀道济初为晋太尉刘裕参军。义熙六年(410)跟从刘裕讨伐卢循，激战于左蠡，双方难分上下。后卢循欲趋豫章城，尽拆民房筑栅寨，悉数将刘裕军栅断于左蠡。裕军不得食，即抢劫民宅，奸淫烧杀，无恶不作。陶家冲一日数次遭受抢劫，村民死的死，逃的逃。此时的陶渊明既贫且病，逃不掉，走不动，加上岁暮年关，他只有哀叹“凄厉岁云暮，拥褐曝前轩”，独自在轩廊上晒太阳。檀道济为了解刘裕之困，强迫民工于鄡阳县城北一百里处筑土城扎寨为游兵，形成对卢循的夹攻之势，裕始得破栅攻循。土城至今仍在，称城山。山上有城山庙，供奉檀道济神像。陶家冲受兵灾之苦，不得安宁，于是陶渊明辞别陶家冲祖居地，与长子俨、次子俟结庐于先祖陶母、陶侃曾居住过的大矶山麓（后人称此为“陶园”），过着苟全性命于乱世的渔樵生涯。可是祸不单行，次年夏天，“正夏长风急，林室顿烧燔”。一场山火，把诗人的草庐烧掉了，别无栖身之处，只好住在一条破渔船上，哀叹“一宅无遗宇，舫舟荫门前”。“躬耕未曾替，寒馁常糟糠。岂期过满腹？但愿饱粳粮。”为饥饿所驱使，他实际上已沦为乞丐。“饥来驱我去，不知竟何之。行行至斯里，叩门拙言辞。”他迫于饥饿，身不由己地走到邻里家叩门，门开了，他又不知如何开口。幸好，“主人解余意，遗赠岂虚来。谈谐终日夕，觞至辄倾杯”。对此一饭之恩，陶渊明很感激，但苦于无法报答，遂写下了：“感子漂母惠，愧我非韩才。衔戢知何谢，冥报以相贻。”

公元420年，陶渊明“种桑长江边，三年望当采。枝条始欲茂，忽值山河改”。是年，刘裕代晋为宋。这一改变，对这位世享国恩的遗老，真是雪上加霜。为了避祸，他化名为潜，隐居于栗里。元嘉四年（427），困顿于栗里的陶渊明，在饥寒交迫和疾病的折磨下，终于在一个寒冷的冬夜，凄然与世长辞！陶渊明的一生，虽然没有建立过显赫的功绩，却给后世留下了一册千秋万代传诵不衰的《陶渊明诗文集》，并已翻译成十几个国家的文版，在全世界广泛流传。公元420年，陶渊明虽然“甘以辞华轩”离开了左蠡陶氏府第，隐居在大矶山，但据《江西通志》载：“大矶山在都昌县城西七里处，一名望仙山，世传晋许旌阳拔宅飞升，苏耽于此望之，故名。”由此可见，陶渊明晚年虽然离开了陶家冲，但并未离开他的故乡鄡阳县境〔唐武德五年（622）置都昌县〕。

二、陶渊明诗中之“南山”考证

经与友人反复讨论和实地探访，终知渊明诗中之“南山”就在都昌县城南二里处。此山矗立在鄱阳湖上，三面环水，不仅风景秀丽，且早在汉武帝时就闻名于世。据《都昌县志》载：“邑治南山，汉时有老人童颜皓发居岩下，武帝南巡，诏逸民，老人辞不出，左右强以见帝。老人曰，尧仁如天，孤云自飞，一木一石，民之乐也，簪缨搢笏，束身王朝，非野老所望。帝嘉其志，礼而遣之，后人遂以野老名岩。岩下石罅溢清泉，甘洁清冽，虽大旱不涸，宋学士东坡游此，悦其泉，乃于岩壁刻‘野老泉’三字，自是岩与泉共知于世。”后人有诗云：“豁岩石罅溢清泉，曾有高人此息肩。隐姓南山号野老,力辞搢笏乐云烟。”此即渊明东篱采菊时,悠然所见之南山也。渊明尝谓人云:“富贵非吾愿,帝乡不可期。”南山乃野老等隐逸栖息之地。野老力辞簪缨搢笏,渊明不为五斗米折腰,可谓“同声相应,同气相求”(《易·乾·文言》),其气一也。是故渊明东篱采菊时,悠然见到的也就是他所向往的南山。至于说南山远,其实“悠然见南山”句中的“悠”字,本身就寓有远意。“悠悠即遥远之假借,古悠、遥同音通用。”(见《辞海》)。何况诗词的语言不同于散文,即使再远也不影响意象。远隔千里,诗中景状却如在眼前,这就是意念,即所谓“因心造境”(黑格尔《论美学》)。

据《江西通志》载:都昌南山,旧时有苏仙磨剑池、陶桓公庙、谢康乐翻经台、南山寺、观音阁,唐代还建有泰陵皇帝(唐玄宗)赐名之清隐庵。北宋重修改名为清隐禅院,黄庭坚为之作《南康军都昌县清隐禅院记》有云:“据彭蠡上游,距落星湾舆行一舍,舟行十里,有大聚落,是为古之鄡阳,今为都昌县治所。山悠而水远,能阴而善晴,升南山而望之。如李成、范宽得意图画。盖南山之于都昌,如娟秀人,直其眉目清明处也……野老岩之下,盘折为隈隩,其上泉甘而繁松竹,曰清隐寺者,唐泰陵皇帝所赐名也……”北宋绍圣元年(1094),苏东坡南贬惠州,沿途遣散侍女,过都昌时,只剩碧桃和朝云二妾。碧桃性尚静,爱南山之清幽,自请入清隐庵为尼。东坡许之,并手书一绝云:

鄱阳湖上都昌县,灯火楼台一万家。
水隔南山人不渡,东风吹老碧桃花。

水隔二句,喻碧桃皈依佛门后,即仙凡永隔,从此终老南山耳。次年苏辙路过南山,见乃兄此诗,感而赋七律一首,其尾联云:“谁道溪岩许深处,一番行草认元昆。”东坡诗碑仍在,清隐庵等古迹尚存。改革开放后政通人和,文化遗产等名胜古迹在逐渐修复,令人欣慰。有先生赋诗一首云:

浪花静静说当年,古院尘埋未忍看。
倦客归来人不识,南山春老碧桃残。

后据江西作家企业家联谊会主办之《新潮报》报道:都昌旅台同乡会会友共同捐赠20万元,作为修复南山古迹之资。可见陶渊明诗中之南山,自汉武帝游幸至今历时2300余年,而被后人珍爱不衰者,岂独风景秀丽,实因渊明爱之,而人皆爱之之故也。一家之言,旨在抛砖引玉,以期正本清源,是为文。

谢灵运与石壁精舍

王旺春

从都昌县城南门港顺流而下，约三公里处有一片壁石，高约数丈，镶嵌在西山脚下，这就是闻名1600多年的古迹——石壁精舍遗址。

壁石（矶山人俗称）上接高塘湾，下连钓鱼台（陶侃钓矶），由于山嘴突出，使饶河水形成了一个很大的回流，流水的惯性把钓鱼台下首刘家洲的丰富饵料，带到了壁石水域，许多鱼群在这里游弋觅食，使这里成了理想的捕捞场所。自古以来，矶山、南山、北山的渔民在这里捕捞、憩息，每到夕阳西下，炊烟袅袅，渔火点点，一派渔业商埠繁忙的景象。

石壁精舍出自东晋末年及南北朝诗人谢灵运的诗作，为都昌八景之一。

谢灵运（385—433），陈郡阳夏（今河南太康）人。祖父谢玄（谢安长兄谢奕之子）官拜车骑将军，于晋孝武帝太元八年（383），率前部精锐八千，破苻坚大军于淝水，立下赫赫战功。孝武帝于太元十年（385）封谢玄为康乐公，食邑三千户。谢灵运父亲谢瑍，袭爵后平平庸庸地做了个秘书郎。母亲刘氏系王羲之的外孙女，她对幼年的灵运有所启蒙。祖父死后，母亲刘氏把他送至谢玄的好友、钱塘杜明师（杜昺）处读书，《洞仙传·杜昺》载，杜明师当时很有名气，通灵道术，“章书符水，应手即验。远近道俗，归化如云”。谢玄与杜明师早有交往，据同书记载，谢玄破苻坚前，曾问卦于杜明师，昺答曰：“我不可往，往必无功；彼不可来，来必覆败。是将军效命之秋也。”后苻坚果被谢玄击败。谢灵运少年时期受到道教与钱塘的自然美景熏陶，后来成为山水诗人及在都昌筑幡台就是受杜明师的影响。

谢灵运第一次来都昌是什么时候，又于何时作《石壁精舍还湖中作》呢？历来对此事意见不一，归纳起来有三种可能：

第一，晋安帝元兴二年（403），十八岁的谢灵运袭封康乐公，义熙元年（405）初入仕途，为琅琊王、大司马司马德文的行参军。义熙六年（410），广州刺史卢循反，刘毅于姑孰发舟师二万南征，卢循结寨于鄡阳（今都昌）之左里抵抗刘军，战于桑落洲（即今柴桑区江洲镇）大败，仅以数百人逃回京师（今南京）。在这次战争中，谢灵运作为记室参军应随军到都昌（那时辖所鄡阳），可能在开战前谢灵运到都昌矶山的线鸡垅（即石壁精舍旧址）筑幡台，祈祷刘军能战胜卢循，并写下《石壁精舍还湖中作》，但诗中并未有战争的痕迹。

第二，义熙七年（411），刘毅出任江州都督兼刺史，镇豫章（今南昌），谢灵运随军至江州，并上庐山拜见了心仪已久的慧远大师。但谢灵运一贯不愿受制约，狂游而不理政事，有可能到都昌筑幡台，辟精舍，并写下诗文。

第三，永初元年（420）六月，刘裕代晋自立，灵运由康乐公降至康乐县侯，食邑由两千户降至五百户，并于永初三年（422）外放永嘉（今浙江温州）任太守。按当时的风尚，望门子弟一般到重镇任职，而将他贬到一个偏僻之地——永嘉任太守之职，真是不甘心。不到一年，谢灵运就辞官回乡，可能在回家的途中，走水路经豫章进鄱阳湖到都昌。后有孔淳之讥谢灵运辞官，说这首诗表明谢灵运并未忘情于仕宦。

谢灵运第二次到都昌是宋文帝元嘉九年（432）。元嘉七年（430）之前，谢灵运与会稽太守孟顗不和，二人屡屡言辞相向。之后，孟顗向宋文帝状告谢灵运有异志。元嘉八年（431），四十七岁的谢灵运为辩解来到京师，而文帝对"有异志"这类事情总是宁信其有，不信其无。于是文帝采用了略微变通的处理方式：既不为他辨明是非，也不将他放虎归山，而是把他留在眼皮底下修《元嘉八年秘阁四部目录》。

一年后，文帝心中也明白，说灵运造反是有些危言耸听，但他任性妄为、不考虑后果的言行，的确是政治上的不稳定因素。尤其是他身份特殊，文名太盛，在社会上有较大的影响。而始宁又近京畿，是灵运父祖世居之地，谢家在此有一定的号召力，故须将他迁徙到相对偏远的临川再做处置。就这样，谢灵运于元嘉九年（432）春率船由长江南下，途经鄱阳湖，旧地重游，写下了《入彭蠡湖》诗。诗中也表示到了石壁精舍停留。可是灵运到豫章后，同东晋旧臣雷次宗（豫章人）和晋室遗少司马协少子过从甚密，甚至把司马协少子养居临川寓所。谢灵运到临川后，仍然受到朝廷的监视，《宋书》卷六十八载："在郡游放，不异永嘉，为有司所纠。司徒遣使随州从事郑望生收灵运，灵运执录望生，兴兵叛逸，遂有逆志。"有诗曰："韩亡子房奋，秦帝鲁连耻。本自江海人，忠义感君子。"朝廷追讨擒之送廷尉治罪，其罪名是“于临川取晋之疏从（纵）弟子养之，意欲兴晋”。元嘉十年（433），谢灵运被押到广州斩弃于市，这位“上蹑风骚，下超魏晋”的山水诗人，就这样陨落了。

壁石上原有“石壁精舍”四个大字，据同治版县志记载，明代李梦阳（庆阳人），因得罪权贵被免冠带，“闲往江西尝泛湖诣县，登谢址，观石壁，皆有诗，见谢公‘石壁精舍’四字冻裂模糊，遂书于新之”。听村里前辈讲，这四个大字有一丈见方，远在松门山都能看见这四个大字。后在抗日战争期间，驻刘家洲的日寇水兵小队长，酷爱汉字书法，想把字整体取走，但由于石大而固无法取出，所以他用舰艇炮轰炸，将四个大字全部毁掉。

石壁精舍虽然已经荡然无存，但在都昌历史文化底蕴中却起到奠基的作用。

主要参考资料：

李雁著：《谢灵运研究》，人民文学出版社 2005 年 9 月版。

檀道济左里城山屯兵

熊素斌　余星初

檀道济不是都昌人，都昌却有一座檀道济庙，坐落在左里镇旧山村委会城山岭上。庙龄至今1500多年，屡废屡兴，千年香火不断。

清同治版《都昌县志》“寓贤”载：“檀道济（山东）高平人，初为晋太尉刘裕参军，义熙六年（410）从征卢循，循败，将趋豫章，悉力栅断左里（蠡），道济就今县北境，依山筑城，扎营为游兵。道济累官至征南大将军、江州刺史，封武宁郡公。文帝疾笃，会魏南侵，召道济入朝未发，义康忌其威名，矫诏收付廷尉。道济愤怒，脱帻于地曰：‘乃坏汝万里长城。’遂被杀。子孙流落城山，今名檀家嘴。”可知檀道济因随刘裕从征卢循，而屯兵鄡阳（后称都昌）。

刘裕征剿卢循，在鄱阳湖左里（蠡）打了一场恶仗。据有关史料记载，卢循先是随妻兄孙恩造反，孙恩败亡，孙恩手下残部，推他为主。这时，荆州刺史桓玄都督荆、江八州军事，威焰逼人。晋安帝从弟司马元显，与玄有隙，玄遂举兵作乱，授卢循为永嘉太守，使作爪牙。循攻长沙，又一鼓作气连陷南康、庐陵、豫章诸郡，沿江东趋，舟楫甚盛。卢循刚在长江水域被刘裕打败，仓促遁走，既还寻阳（今九江），复趋豫章，就左里（蠡）竖起密栅，阻击晋军。刘裕在长江大获胜仗，再督兵往攻左里（蠡），将到栅前，刘裕所执旗杆，无故自折，沉入水中，众人不禁惶惧。刘裕却振臂一呼：“天助我也，破贼无疑了！”遂易旗督攻，破栅直进。贼众虽然苦战，终究招架不住，或饮刃，或投水，死亡至万余人。卢循孤舟遁去，余众多降。这一仗，直杀得天昏地暗，左蠡附近，湖水泛红。晋末发生在鄡阳左蠡之战，是太尉刘裕亲自指挥的，檀道济以“参军”从征。

檀道济通过参加征剿卢循的左蠡之战，有一个意外的收获。他发现鄱阳湖的北庙水湾，以及离岸很近的傅家桥一带，是屯兵练兵的最佳场所。刘裕代晋为宋，檀道济为宋主平定谢晦之乱，立了大功。宋主加封檀道济为征南大将军兼江州刺史。鄡阳是江州属地，檀道济即在鄱阳湖的北庙水湾，临水泊船，依山筑城。水陆两栖，异常隐蔽，秣马厉兵，兵强马壮。那筑城之山，后人称为城山。

据老年人回忆,新中国成立前尚留有城垛,有跑马驰道。檀氏寓兵于此,军纪严明,军民互助,秋毫无犯。老百姓谈起檀道济的往事传说,至今津津乐道。

檀道济蒙冤死后,消息传到兵营,传到村庄,军民为之痛哭。为悼念这位忠臣、好官,当地居民捐款建庙、塑像,永远祭祀,以慰忠魂。笔者近日走访檀道济庙,檀公庙建在檀道济驻兵的城山岭上,由附近赵、熊、陈、邵、吕等姓共同管理。庙内整洁,敬奉一位黑脸将军,庙宇主管赵卖保说:"檀道济是白脸,遭冤气成黑脸,怒视奸臣、昏君。"村民遇生病、失窃,或为求前程、消灾避祸等,均入庙求助。檀公菩萨在当地村民心目中,成为一方平安保护神。

檀道济当年在城山岭结营设寨、驻马练兵,后来老百姓都称他为"城山老爷",敬奉祭拜,虔诚非常。每逢初一、十五和重大节日,当地人都要到城山庙敬香、燃烛、放鞭炮,祭拜老爷。据传,八月初一是檀道济生日,当地形成惯例:每年初一至初四由甲村敲锣接"老爷"进村敬奉四天;初五至初八由乙村接到村敬奉四天……为迎接"老爷"进村,家家户户大扫除搞卫生,干干净净迎"老爷",热热闹闹做法事,促进村容整洁、村民向善、社会和谐。后来庙宇被毁,2003 年群众捐钱捐物,将城山庙又修葺一新。熊素斌老师写了一副对联,内嵌"城山"二字,庆祝庙宇重光,纪念檀道济将军:

城隍御匈奴,民族兴,社稷稳,九州起舞颂道济;

山雨压忠良,狂风凄,天地暗,兆民横目咒奸雄。

檀道济是怎么死的?南朝宋元嘉十二年(435),右卫将军刘湛主谋,要把那宋室长城,凭空毁坏。当时宋室良将,首推檀道济。他自历城全师退归,进位司空,仍然还镇寻阳。左右心腹都身经百战,有子数人,如植、粲、隰、承伯、遵等,各具才华,在京任职。檀道济功高震主、盛气凌人,朝廷已对他有所猜疑。会宋主寝疾,历久不愈,刘湛密语义康道:"宫车倘有不测,余不足忧,最可虑的是檀道济。"义康道:"君言甚是,应如何预防呢?"湛答道:"莫如召他入朝,但托言索虏入寇,要他来都面议,乘此除患,便易下手了。"义康点首称善,禀报宋主。宋主有病,含糊答应。义康遂矫诏飞召。道济到达建康,与义康晤谈,义康谓索虏已退,只是主疾堪忧。道济入宫问疾,略略慰问,便即趋出。此时宋主病情牵缠不退,道济只好在都问安,自元嘉十二年冬入都,至次年春暮,见宋主稍痊,乃辞行还寻。方才下船,忽有中使驰至,谓圣躬又复不安,命他还朝议事。道济不敢不依，遂入都城，甫至阙下，忽由义康出来，指示禁军，拿下道济，且令他跪听诏书，旁边趋出刘湛，宣读圣旨，诬以“不义不昵之心，附下罔上之事……不臣显著，纳受邪说”云云，欲加之罪，何患无辞。道济听毕诏书，不禁大愤，瞋目注视刘湛，好似电闪一般，脱帻投地曰：“乃坏汝万里长城！”即自投狱中。那阴险毒辣的刘湛，竟怂恿义康，收捕道济在京诸子，与乃父一同牵出，骈首都市。还有随从参军薛彤，一体收斩。又派人领兵至寻阳，抓捕道济妻向氏，少子夷、邕、演等，及参军高进之，悉处死刑。道济有子十一人，统遭杀戮，诸孙亦死，只留邕子孺一人，使续檀氏宗祀。薛彤、高进之皆有勇力，为道济所倚重，时人比作关羽、张飞。（敌国）魏人闻道济被诛，互相庆贺道：“道济一死，吴人均不足畏了。”

檀道济作为刘宋第一良臣，在历次战争中冲锋陷阵，功勋卓著，是宋廷不可替代的将帅。

道济接到宋廷诏书，即整装起行。其妻向氏道：“震世功名，必遭人忌，今无故相召，恐不免及祸哩！”道济心怀坦荡，对妻说道：“诏书中说有边患，不得不赴，谅无甚妨碍，卿可放心。”随即启程入都。这是其大忠的表现。

在征剿叛臣桓玄弟桓谦的战斗中，前锋为檀道济。他首突谦阵，水陆各军，乘势而上，夹击桓谦，谦众大溃，谦兵败身死；在征后秦的战斗中，檀道济领兵前驱，连下阳城、荥阳，直抵成皋；在平定谢晦的战斗中，檀道济受命任征西大元帅，重任在肩，捕捉战机，到了日暮，东风大起，来舰四集，前后绵亘，处处悬着檀字旗号。（谢晦）蓦闻鼓声大振，见来舰如飞而至，慌忙下令对阵，偏部众不战先溃，顷刻四散。先声夺人，未战而屈人之兵，这是其大勇的表现。

征后秦围攻洛阳，战斗异常激烈。檀道济杀至，四面围攻，俘得秦兵四千余名。有人劝道济悉数坑杀，以作京观。道济断然反对，他说：“伐罪吊民，正在今旦，何必多杀哩?”遂皆松绑放归，秦人大悦，望风归附。这是其大仁的表现。

宋廷伐魏，出师不利。宋主命征南大将军檀道济都督征讨诸军事，出兵伐魏。道济自清河进兵，大小三十余战，多半得胜。转战至历城，遇魏军前后夹击，焚其刍粮。道济食尽，后援不继，只好退兵。魏将获知道济缺粮退兵，即驱兵追击。将及宋军，宋军大惧。道济却不慌不忙，择地安营，夜令军士做成不少粮囤，囤内盛沙，沙上放少许米粮，遮盖囤上。到了黎明，魏兵探知宋军有粮，报告主将，魏将半信半疑。有魏兵逼近道济营，道济令军士披甲跟随，自乘小车，从容不迫，向南徐行，宛如诸葛孔明空城计。魏将疑为诱敌，不敢进击，慌忙引退。道济遂得全军安全而退。这是其大智的表现。

檀道济大忠大勇大仁大智，是难得的将帅。他因功高遭忌，刘宋自毁长城，将其杀害，诛戮全家，真是千古奇冤，千古遗恨。后人为岳飞作传，结尾叹道：昔刘宋杀檀道济，道济下狱，瞋目曰：自坏汝万里长城！高宗忍自弃其中原，故忍杀飞。呜呼冤哉！呜呼冤哉！

忠臣良将自在民心，都昌檀道济庙历一千五百多年长盛不衰，将继续香火鼎盛、灯火长明。

豪富石崇与都村湖庄

余星初

都昌县城有一条古老的街道,名叫“金街岭”,此街犹在,街名未变。相传西晋豪富石崇避祸都村,曾在门前晒金显富,“金街岭”由此得名,相传至今。

清同治版《都昌县志》有一段文字:“志载石崇置湖庄于蠡水涘,亦署曰金谷,今菖蒲嘴其址也。”菖蒲嘴,大概在金街岭南端,即原县航运公司、水产公司及其附近的一些地方。现在只能设想一个“大概”,具体方位、面积已经无从考证了。

要了解石崇与都村湖庄,先要了解石崇其人。石崇字季伦,系前司徒石苞幼子,颇有智谋。苞临终分财,派给诸子,独不及崇,谓崇将来自能致富。果然崇年逾落冠,即为修武县令,嗣迁城阳太守,帮同伐吴,因功封安阳乡侯,旋受调为荆州刺史,领南蛮校尉,加鹰扬将军。在荆州时,他暗嘱亲吏扮作盗状,往劫豪贾巨商,一夜暴富。入拜卫尉,筑室宏丽,房产百数。晋武帝亲舅、后将军王恺,常同石崇比富:恺用糖水洗锅,崇以蜡代薪;恺用名贵中药赤石脂涂墙,崇就用花椒香料制成泥浆涂墙;恺做紫丝布步障四十里,崇以锦步障五十里敌恺;恺坐的轿用 12 个美女轮流抬,崇坐的轿子用 24 个美女轮流抬。恺屡斗屡败,因入语武帝,欲借珊瑚树以对,武帝即赠予一株,高二尺许。恺扬扬自得,取出示崇,总道崇家无此珍奇,定输无疑。哪知崇并不称美,反提起铁如意,把珊瑚树击成数段。王恺怒气冲天,欲与石崇拼命。崇从容笑道:“区区薄物,值得什么?”遂命家童取出家藏珊瑚树,数十株,最高的三四尺,次约二三尺,如恺所示的珊瑚树,要算最次的。他对恺道:“君欲赔偿,任君自选。”恺不禁咋舌,赧然无言,连击碎的珊瑚树也不求赔偿,一溜烟避去。石崇之富,连晋武帝也甘拜下风。据载,外国进贡火浣布(穿脏了放在火里烧烧就干净了),武帝制成衣衫,穿着到崇家显示衣服珍贵。崇故意穿着平常衣服,却让从奴 50 人都穿火浣衫迎接武帝。石崇因此名冠洛阳。

有道是“人怕出名猪怕壮”,石崇与王恺斗富显名,自知结怨皇亲国戚,为祸不远,身不自安。于是,他想找一个偏僻的地方,出走洛阳,远离是非之地,过一段悠闲快乐的生活。他曾任荆州刺史，对长江沿线的地理环境熟悉。他发现鄱阳湖北岸鄡阳县一处水湾很理想。此地群山环抱，风光秀丽，南眺鄱阳湖烟波，北望匡庐巍巍，既僻静又开阔，这就是隶属鄡阳县管辖，又远离鄡阳县城泗山，村民以渔樵为生的都村。同时，鄡阳石姓与崇又有联宗之谊。石崇对选址都村非常满意，带着爱妾绿珠、妻妾、婢女、仆役数十人，出洛阳，入长江，进鄱湖，到都村，安家度日。

石崇选择鄡阳县的都村建湖庄，是经过深思熟虑的，湖庄设在依岸傍水，靠水近又不被水淹没的安全地方。石崇投巨资建成的湖庄，我们大胆地猜想，类似现代的“度假村”。据县志记载，湖庄内设施有：“玳瑁阁”，珠光宝气，是自己的栖息地，或者接待客人的地方；“牡丹园”，洛阳曾是牡丹花城，石崇也喜爱牡丹，在庄内广种牡丹，庄内牡丹花开花谢，延续了一千多年；“清池”，即蒋家塘，种有白莲，称白莲池，池水清澈见底，各种鱼自由嬉戏，唐元和邑令李偁在池上建有“羡鱼亭”；“红莲池”，罗家塘即其址也；还有各种花卉苗圃，后人称此为“花园嘴”……石氏湖庄，成为当时鄡阳境内最重要的文化建筑，是游人纷至沓来的参观景点，为唐代都昌立县都村提供了重要的基础和条件。

石氏湖庄，建成于都昌前身的鄡阳县，其影响延续于都昌立县以后的各个朝代。

清同治版《都昌县志》载有几首纪念石氏祠、石氏湖庄的诗，抄录如下：

祀山石祠

郑州玺（都昌县令）

瑰魄留天壤，高文轶汉津。悬思步障处，引慨坠楼人。肸响匡云合，豆登蠡藻陈。蚩蚩崇显号，一笑答明禋。

（署有山石崇祠，传为晋石崇与绿珠设也，故云。）

寻金谷园

（志载：石崇置湖庄于蠡水涘，亦署曰金谷，今菖蒲嘴其址也，遗有牡丹种，春半盛开，比予至花谢矣。）

记读金谷序，浮尊近酒泉。何移兹僻壤？知扫俗尘缘。姚魏妆犹在，菖蒲坂更传。独怜春信断，选梦寄朝烟。

石卫尉湖庄

吴鸾（都昌县令）

水国菖蒲客思长，湖庄秋气似清凉。来时椒屋迷金谷，去日貂冠满洛阳。

绝代名姝归石氏，恼人华发到潘郎。陶朱也为西施去，嗤尔珊瑚四尺强。

石卫尉湖庄

黄有华（邑人、进士）

珊瑚一树倚云长，楼阁参差水槛凉。直遣良田开蠡左，不徒别馆在河阳。囊金枉慕持筹客，诗谶终符掷果郎。赖有美人心似铁，能将巾帼敌豪强。

同县侯赏钟宅牡丹

罗大纮（给事）

偶同潘令寻幽处，为问当年石季伦。金谷佳人情未断，芳心应寄洛阳春。

钟宅牡丹（二首）

文德翼（吏部郎中）

闻道永康尉，尚遗旧牡丹。似樟蒙顾问，非竹报平安。气压春湖艳，花禁社雨寒。相逢良不偶，携酒就丛看。

茅屋荜门斜，元常自故家。不期邻邑叟，犹见隔朝花。城头过疏雨，墙阴映落霞。若生京洛地，日日度香车。

注：所谓“钟宅牡丹”，县志交代：“元进士钟国光，宅内有石台古迹，传是晋石崇湖庄花，其遗种为钟氏所得，子孙相传三百余年。花开时，邑绅、过客多称美不已，钟氏以花色荣瘁卜休咎，有指花为妖者，立时颜色顿痿。”

县志载有这些诗稿，说明石氏湖庄确实存在，湖庄影响久远。石崇立湖庄于鄡阳僻壤，过了几年悠闲、自在、舒适、快乐的生活，终究难耐寂寞，认为时过境迁，人事已非，带着爱妾绿珠及家人，仍迁回热闹非凡、争富斗艳的洛阳。石崇在洛阳附近的河阳留有别馆，名为金谷园。此时石崇早已罢职，无官一身轻，仍入居园中，日与数十婢妾，饮酒赋诗，逍遥自在，好不快活。但好景不长，权臣孙秀听说他有美妾绿珠，妖冶善歌，兼长吹笛，便派人向石崇索要，称如能绿珠见赠，当复石崇官职。石崇尽出婢妾数十人，任秀挑选。秀定要绿珠，为石崇所拒。孙秀恼怒，遂设计害崇。石崇自知惹祸，对绿珠道：“我今为汝得罪权贵，奈何奈何？”绿珠垂泪：“妾当效死公前，以报公垂爱。”遂抢步临轩，坠楼而亡。石崇虽富可敌国，终斗不过权臣孙秀，为秀所害。

值得一提的是，崇被押至东市就刑时长叹道：“奴辈利我家财。”旁有押吏应声道：“早知财多害身，何不散给乡里？”崇不能答，俯首就戮。

吴猛与都昌道教文化

吴柏初

吴猛，字世云，《江西通志稿·氏族志》说他祖籍河南濮阳，东晋时任西安（今江西武宁）令，家族南迁至分宁。据《中华吴氏大统宗谱》载：吴猛是中华吴氏泰伯、仲雍之后季札次子征生系，是都昌吴姓人之47世先祖，生于公元255年，河南濮阳人，后迁江西豫章（南昌）。吴猛少至孝，盛夏卧不驱蚊，恐蚊虫叮咬父母。元朝郭居敬将其“恣蚊饱血”的事迹收入《二十四孝》内，广为流传，为世人所崇。西晋惠帝朝为散骑常侍，公博学，擅长医术，济世为民，祛除瘟疫，人称神医。江州刺史庾亮（胞妹为东晋明帝皇后）病重请为医治，公见亮病重无救，不给医治。他料亮会加害，遂离家隐居，云游山水，求仙慕道。此中传说，公乃神仙般人物。例如诛杀海昏蛇精、力拔豫章石笥等传奇故事，在民间广为流传。

吴猛同许逊结伴同行，云游到彭蠡泽边，许逊在大矶山（今都昌县城滨水西区）隐居修道。而吴猛在游历庐山途中遇苏耽，来到位于左蠡湖畔的旧山广福庵建立道场。据清同治版《都昌县志》记载：在东晋元帝建武元年（317）有名道士许逊（又名旌阳）之友苏耽（郴州人）偕吴猛（豫章人）在此（即旧山）修道炼丹，建苏吴祠，立匾额为“古颜仙”。若干年后，苏耽移居左里与苏山交界的元辰山继续修道炼丹，道书称此地为第51福地，后人称此山为苏山，吴猛仍留旧山。

晋时旧山苏吴祠，当地民众时奉两人为镇祠大仙。传说吴猛的孝心和诚心感动了天上的神仙，不惑之年由神仙丁义授其仙术。有一次他回豫章，到江边时竟不要舟楫，以一把蒲扇划水而渡，如履平地。公善卜八卦，明辨阴阳，德尚以道，名噪天下。其道行深，医德高，指草为药，拯救黎民。然公道深德厚而不事王侯，此公之高节也。公能体恤贫贱，惩恶扬善，深得民心。是以贪仕廉，庶民乐，大有功于后世也。

吴猛在旧山修道四十余年，成为东晋早期一代道教宗师，也是我县道教文化的开创者。公之道，出乎日月之上；公之德，包乎天地之间。北宋政和年间追封公为“神烈真人”。千余年来，道冠诸公，德济天下，而成为道教之宗，良有以也，故公于旧山得道成仙。江西省域内外，无不敬仰而祀之。

抚今追昔，浮想联翩。旧山为道教圣地，自猛公得道成仙后，此地经台、水眼犹存，唯有慧心者能识之。伟哉猛公，洵无愧于“三让”门第，至德世家之苗裔。明代杨继盛称：周朝开国以后，在全国大封同姓子侄为诸侯，周成王用“文、武、德、功、忠、孝、信、义、祯、和、顺、祥”12 个字，以命吴氏的宗派（即 12 大宗）。其中由山西南迁的属“祯”字宗，开派姓祖吴猛。

旧山苍苍，蠡水泱泱；猛公之风，山高水长。经历千余年的沧桑，历遭劫难的“吴猛祠”现在旧貌换新颜，面貌焕然一新，朝拜者络绎不绝，香火鼎盛。特别是佛道合一，共生共荣. 使当今的“凌云阁”更显其活力。赞曰：左蠡湖边仰旧山，古颜仙寺换新颜。恣蚊饱血声名远，佛道调和化鹤还。再赞：凌云阁上九重天，佛道修成了俗缘。自古蓬莱无觅处，康宁长寿赛神仙。

李大亮与都昌立县

余星初

据清同治版《都昌县志》载:“唐武德五年(622),安抚使李大亮奏请刈鄱阳西雁子桥之南置都昌县,县名都昌实始于李也。”

李大亮何许人也?史书称他是初唐重臣,有大功于唐,深受高祖李渊、太宗李世民之信任。其事迹简介见《旧唐书》,如下:

开始,大亮为隋低级军官,与李密战败,同辈百余人皆被杀。李密部将张弼觉得李大亮不寻常,便将他释放,结交于幕下。大亮绝处逢生。

义兵入关,大亮归唐,被授予土门县令。他的属地闹饥荒,被盗贼侵扰。大亮卖所乘马分给贫弱,劝以垦田。他又剿捕盗寇,所击皆平。当时李世民巡抚北境,闻而嗟叹,下书劳之,赐马一匹,帛五十段。

其后,胡贼犯境,大亮寡不敌众,遂匹马单枪,直闯贼营,见其帅,晓谕祸福。群胡感悟,相率请降。大亮又杀所乘马与众宴乐,自己徒步而归。前后降者千余人,所在县境遂安。高祖李渊闻报大悦,授大亮金州总管府司马。

时王世充遣将据襄阳,大亮进兵击之,所下十余城。高祖下书劳勉,迁李大亮为安州刺史。

又令徇广州,途经九江,遇辅公祏反,大亮以计擒其悍将张善安;公祏兵围猷州,刺史左难当婴城自守,大亮进援,击贼破之。以功赐奴婢百人,大亮谓曰:“汝辈多衣冠子女,破亡至此,吾亦何忍以汝为贱隶乎!”遂尽皆放遣。高祖闻而嗟异,升越州都督。贞观元年(627),转交州都督,封武阳县男。在越州无事,写书百卷以自励。拜太府卿,出为凉州都督,时以惠政闻。尝有台使到州,见有名鹰,要大亮献给太宗。大亮上密表曰:“陛下久绝畋猎,而使者求鹰,若是陛下之意,自当奉献,如其自擅,便是使非其人。”太宗回书曰:“以卿兼资文武,志怀贞确,当兹重寄。比在州镇,声绩远彰,念此忠勤,无忘寤寐。使遣献鹰,遂不曲顺,论今引古,远献直言,披露腹心,非常恳到,览用嘉叹,不能便已。有臣若此,朕复何忧！宜守此诚，终始若一。古人称一言之重，侔于千金，卿之此言，深足贵矣。今赐卿胡瓶一枚，虽无千镒之重，是朕自用之物。”又赐荀悦《汉纪》一部。

大亮安抚边境，多有建树，所有建言，太宗尽纳其奏。

贞观十七年(643)，晋王为皇太子，东宫僚属，皆盛选重臣。大亮时任左卫大将军兼太子右卫，又兼工部尚书，身兼三职，宿卫两宫，甚为亲信。大亮每当宿直，必通宵假寐。太宗尝劳之曰：“至公宿直，我便通夜安卧。”大亮虽位望通显，而居处卑陋，衣服俭朴。至性忠谨，事兄嫂同于父母。每怀张弼之恩，而久不能得。弼时为将作丞(小官)，自匿不言。大亮尝遇诸途而识之，见弼而泣，恨相得之晚，多推家产以遗弼，弼拒而不受。大亮言于太宗曰：“臣有今日之荣，张弼力也。”太宗遂迁弼为中郎将、代州都督。大亮知恩必报，朝野称贤。

贞观十八年(644)，大亮染病，太宗亲为调药。临终上表，请停辽东之役，又言京师长安宗庙所在，愿深以关中为意。表成而卒，享年五十九。死之日，家无珠玉可以为晗。亲戚孤遗为大亮所鞠养，服之如父者十五人。太宗为之举哀，哭之甚恸，废朝三日。赠兵部尚书、秦州都督，谥曰懿，陪葬昭陵。

史家评曰：大亮，文武兼才，贞确成性。卖马劝农，是为政也；投身谕贼，略也；放奴婢从良，仁也；因鹰谏猎，临终上表，忠也；报张弼恩，义也；侍兄嫂如父母，孝也；无珠玉为晗，廉也。房玄龄称大亮有王陵、周勃之节，岂虚言哉！这样一位重要历史人物，为何与都昌有缘呢？

据县志载：“李大亮，泾阳人，有文武才略。初使循广州道，闻辅公祏反，其将张善安掠据洪州(南昌)。大亮遂扎营于县北境，以计擒善安，公祏既破，授大亮洪州都督安抚使。”由于驻军县境，当时称鄡阳县，县治在泗望山，即今周溪泗山，县城遗址仍在。当时大亮扎营于县北境，同治版县志载：“治北五十里有‘李大亮营’”，说明李大亮曾驻军于徐埠、洞门等地。大亮选择洞门口王市作为都昌立县治所。古王市当时有大观楼、鬼神坛、城隍墩等古迹。王市作为都昌县立县治所约140多年，约公元770年前后，都昌县治所由王市迁至都村至今。大亮走遍鄡阳四境，发现无论是到鄱阳还是到彭泽，均不方便，于是亲拟奏折，“评论土地之饶，户井之阜，道途之远近，水陆之阻碍”。即是说彭泽和鄱阳之西，这大片土地富饶，户井殷阜，交通不便，水陆阻隔，“请刈鄱阳西雁子桥之南，置都昌县”。李大亮的奏疏，获得朝廷批准，都昌县的名称正式出现在中国版图上，“县名都昌，实始于李也”。之所以取名都昌，是因为当时考虑“以县有都村，南接南昌，西望建昌”。都昌立县是发生在唐武德五年(622)的一件大事。《彭泽县志》亦载:“唐武德五年(622)，安抚使李大亮奏请置州浩山下(称浩州)，又刈彭泽之西为都昌县，八年(625)州废，……彭泽与都昌俱属江州。”

李白的彭蠡情缘

潘雪明

谢公之彭蠡，因此游松门。余方窥石镜，兼得穷江源。
将欲继风雅，岂徒清心魂。前赏逾所见，后来道空存。
况属临泛美，而无洲渚喧。漾水向东去，漳流直南奔。
空濛三川夕，回合千里昏。青桂隐遥月，绿枫鸣愁猿。
水碧或可采，金精秘莫论。吾将学仙去，冀与琴高言。

这首五言古诗名曰《入彭蠡经松门观石镜缅怀谢康乐题诗书游览之志》，是唐代大诗人李白泛舟彭蠡湖(鄱阳湖)过都昌松门山时所作。

诗的大意是这样的：谢灵运先生曾经由此泛舟鄱阳湖，并游览松门山。我也刚刚从那里仰望山上的石镜，并顺流上达流水尽头。此行是继承谢公的风雅传统和精神，不仅仅是来这里散心。前辈的高见超迈，我辈何处寻真知？现在正临汛期，浩浩汤汤，无比壮美，而没有江岸边激流的喧闹。漾水向东方流去，漳水向正南方奔逝。两水与湖交汇处的夜晚空蒙，蜿蜒千里，一派混沌。明月隐藏在青青的桂花树丛中，愁猿的哀啼笼罩着翠绿的枫林。江中也许可以采到水碧(一种玉)，可是炼金丹的秘诀何处可寻？我要学仙去了，希望可以与仙人琴高谈心。

李白是唐代诗歌的代表人物，后人谓之“诗仙”。他的诗风浪漫，想象奇特，对后世产生了深远的影响。这首五言诗在李白众多脍炙人口的诗篇中很不引人注意，恰是这首传诵度不广的五言诗，在李白众多瑰丽的诗篇中颇耐人玩味。

我们知道李白少年博览群书。他青少年时期生活在蜀地，而蜀地的紫云山正是道教圣地，这座山恰好就坐落在李白居住之所附近。受环境的影响，李白从青少年时代就喜好道教的神仙之说，相信道教，其思想明显地受到道家特别是庄子的影响。青年时期，他在诗中说“寂寞缀道论，空帘闭幽情”，可见那时的李白就有明显的弃世修道的思想。他所追求的是一种全身心的释放、顺乎自然的惬意。环境造就人，正是道教造就了李白，也幻化了他的梦想。

李白是正式履行过入教仪式的，曾是一个受过符箓的道士。所以他在生活方式和情感方式上有一种道家的洒脱、道教的狂放，充满了饮酒谈玄、长生不老的成仙享乐情绪。正是这种带有狂放色彩的“仙气”和自信，成就了他诗歌豪放的个性魅力。

这首诗大概写于公元760年（肃宗上元元年）。这时的李白已经是位将近六旬的老人了。当年那个仗剑游侠、恃才傲物、醉卧长安让高力士为之脱靴的旷世才子已是须发斑白。他是中国诗歌史上的一个神话，但他也是一个凡人，是诗仙而不是神仙。抛开他的文采，他和普通老百姓没什么两样。当岁月悄无声息地染白他的鬓发时，当他看到房间墙上那柄多年已没有拔出的长剑时，他感到自己真的老了，他猛然觉得自己当年那满腔的激情好像一夜之间就消失得无影无踪，陷入一片无边的空虚中。青年时那瑰丽无边的想象，那浪漫的柔情，那生死阔别的激昂与留恋，现在都只有到那泛黄的纸中和闭目的遐想中去寻找了。年轻时远大的政治抱负，与现实跌宕多磨的生活反差，让他真的感到疲倦了。在经过大半生的颠沛流离之后，李白，这个唐代诗歌成就登峰造极的人物，这个普普通通的老者，在他风烛残年最大心愿是什么？当然是去努力完成他平生未了的一个最大心愿——飘然隐退，修道成仙。所以他从心底里发出一个声音：吾将学仙去。他觉得他真的需要找个山清水秀的地方好好清修。

据历史记载，唐上元元年（760）春，李白由洞庭返江夏。秋至浔阳（今江西九江境内），再登庐山，决意游仙学道以度余年。他在《庐山谣寄卢侍御虚舟》一诗中这样写道：“手持绿玉杖，朝别黄鹤楼。五岳寻仙不辞远，一生好入名山游。”诗人更是以充满神话传说的色彩描述了他此番的行程：拿着仙人所用的嵌有绿玉的手杖，于晨曦中离开黄鹤楼。为什么到庐山来呢？表面上是“好入名山游”，实际上是寻找内心深处理想的一种安静回归。这几句诗，可以说是李白一生游踪的自我形象写照，真实地透露出诗人寻仙访道的隐逸之心。

当他有一天站在烟波浩渺的鄱阳湖边上时，他很自然地联想到他一生都在追求的那个理想，也会由此想到世上与这理想有所关联的人和事，那么鄱阳湖上既和他相似，又像神仙一样神秘的人是谁呢？当然是谢灵运了。

谢灵运，南北朝时杰出诗人，山水派诗人的鼻祖。李白对谢灵运是十分钦佩的，从诗中开篇“谢公之彭蠡，因此游松门”可以看出来，他之所以泛舟鄱湖，多半是因为谢灵运的缘故。

这里我们有必要看一下谢灵运的那首著名的《入彭蠡湖口》，诗是这样写的：

客游倦水宿，风潮难具论。洲岛骤回合，圻岸屡崩奔。
乘月听哀狖，浥露馥芳荪。春晚绿野秀，岩高白云屯。
千念集日夜，万感盈朝昏。攀岩照石镜，牵叶入松门。
三江事多往，九派理空存。灵物郄珍怪，异人秘精魂。
金膏灭明光，水碧缀流温。徒作千里曲，弦绝念弥敦。

这首诗是谢灵运进入鄱阳湖前后航程的记录，也是庐山山南春天景色的记录。当时，谢灵运从湖口进入鄱阳湖，再经星子县(今庐山市)到都昌县南二十里的松门，诗中为我们描绘了一幅庐山、鄱湖色彩缤纷的春光图。南朝宋前后，江西是我国山水诗的策源地之一。诗中的“三江”“九派”都是指今天九江市一带。“攀崖照石镜”，指的是诗人曾经攀登、游览过庐山石镜峰。据郦道元《水经注·庐江水》记载，这里“有一圆石，悬崖明净，照见人形，晨光初散，则延曜入石，毫细必察，故名石镜焉”。自从谢灵运游历并赋诗以后，石镜峰便成为山南一胜，历代游人纷至沓来。当时身在浔阳、天性爱山水的李白岂能不来？还有一个导致他来的原因是，他和谢灵远的心境和际遇太相似了。谢灵运在诗中把自己寻求灵异、怅然若失的心情表露无遗：“徒作千里曲，弦绝念弥敦。”人生的道路一路风浪迭起，险象环生，如眼前浩荡的鄱湖之水，平和多姿而又变幻莫测。他一进鄱阳湖，如入画中游，巍巍庐山犹如天然画屏屹立眼前，美好的往事一一浮上心头，那种怀旧的喜悦依然暗暗滋生，正如谢灵运所说，真是“千念集日夜，万感盈朝昏”！这一切和李白此时的心境是多么的相似啊！

“谢公之彭蠡，因此游松门。余方窥石镜，兼得穷江源。”李白观过庐山的石镜又顺流而下泛舟都昌松门。他还有一个目的，他要看一个地方，这个地方也和谢灵运有关。从都昌县城南门港顺流而下，约三公里处有一片壁石，高约数丈，镶嵌在西山脚下，那就是“石壁精舍”，是当年谢灵运筑庐读书之处。现已列为都昌八景之一。

晋义熙七年(411)，刘毅出任江州都督兼刺史镇豫章(今南昌)，谢灵运随军至江州，在此期间上庐山拜见了心仪已久的慧远大师。由于谢灵运袭封康乐公，加上此人行为一贯不愿受人制约，喜游而不理政事，故在都昌择地建舍读书，并题有诗《石壁精舍还湖中作》一首：

昏旦变气候，山水含清晖。清晖能娱人，游子憺忘归。
出谷日尚早，入舟阳已微。林壑敛暝色，云霞收夕霏。
芰荷迭映蔚，蒲稗相因依。披拂趋南径，愉悦偃东扉。
虑澹物自轻，意惬理无违。寄言摄生客，试用此道推。

这首诗写诗人从石壁精舍返回住所的经历和感受。从山水清晖，到入舟时见到的云霞、芰荷和蒲稗，再到登岸后的趋南径、偃东扉，给我们描绘了一幅夏季鄱阳湖畔独有的山水风光画卷。

谢灵运，这空灵清澈的神一般的人物，加上鄱湖这一带奇绝的山水风光，促使李白起程了。时过境迁，已无从考证这位看上去普通的老者是在鄱阳湖的哪一个渡口登舟上路的了。和当年谢灵运一样，他走的是水路，鄱阳湖烟波浩渺，水天一色，舟在湖上行，人在天际游。他比谢灵运迟到了三百多年，他自认和谢灵运有所不同，谢灵运骨子里是个凡人，他是一个受过道教熏陶多年，骨子里有着仙人一般的气质和灵气的"谪仙人"。他向着谢灵运诗中的松门走来。他当然不必带随从，他向来不随俗流，他只要一条船、一个老船夫足矣。他一路欣赏着秀丽的湖上风光，一边微笑着和老船家闲谈，老船夫操着浓重的古鄡阳口音，向这位站在船头举止不俗的外地老者介绍当地的民风民俗。就这样顺流而下，当抵达都昌鄱阳湖中的松门山时，已是黄昏时分了。天气晴朗，暮色中的松门山像一条盘旋的巨龙，在烟波浩渺的鄱阳湖中蜿蜒而去。星夜中，水与天色空蒙迷离。明月在青黛色的桂花树梢时隐时现，山风吹来，夹杂着一股清香。远处还不时传来猿的哀啼，来自那远处翠绿的枫林。与谢公来时时令不同，景致迥异，松门山那独特的自然景观让他有一种不吟不快之感，他挥笔写下了《入彭蠡经松门观石镜缅怀谢康乐题诗书游览之志》，以记当时所见所感。

如此畅游过都昌松门山以后，这位中国历史上最伟大的诗人，再也没有吟咏过"修仙"的诗题。公元 762 年 11 月，李白卧病当涂，走完了自己传奇的一生。

《入彭蠡经松门观石镜缅怀谢康乐题诗书游览之志》这首诗是李白内心深处"成仙"理想的终结篇，是李白题诗后真的驾鹤仙游在文字上的一言成谶。"吾将学仙去，冀与琴高言"——在江西都昌那片千年的湖光中，李白，他用诗歌的形式，完成了他一生的"成仙"梦想，也为鄱阳湖上的都昌留下了一段佳话。

唐宋僧侣使清隐古寺生辉
——黄庭坚《清隐禅院记》读析

余星初

黄庭坚(1045—1105),字鲁直,号山谷道人,晚号涪翁,北宋洪州分宁(今修水)人,著名诗人、大书法家、江西诗派始祖。

黄庭坚虽然才华出众,但因处于王安石变法时代,新旧两党斗争激烈,政局不稳,雄才难展。他先后任余干主簿、叶县县尉、国子监教授、泰和县令、秘书省校书郎,死后追赠龙图阁学士,加太师,谥号文节。他尽管仕途坎坷,却是北宋诗文书法大家,名冠朝野,盛极一时。元丰元年(1078),他写信并作诗两首寄知徐州的苏轼,表示倾慕之意。苏轼读黄诗,认为"超逸绝尘,独立万物之表;驭风骑气,以与造物者游"。由是诗名大震,京师士大夫尽知其名,从此苏黄定交,心心相印。黄庭坚和秦观、晁补之、张耒并称"苏门四学士",黄氏居首,世称"苏黄",成为江西诗派始祖。黄庭坚书法享誉宋代,他和苏轼、米芾、蔡襄,并称北宋"四大家",后人推黄氏为四大家之首,独领风骚。黄庭坚殁后,世人争购其字。

据同治版《都昌县志》载:黄庭坚,字鲁直,分宁人,治平进士,苏轼见其诗文,以为超逸绝尘,由叶县尉累官秘书丞。绍圣初,被议谪涪州别驾,黔州安置,既又除名,羁管宜州。遂放浪山水,传食南北数十年。最爱县之南山,尝因清隐禅院之修作记,以纪其胜。

黄庭坚元丰六年(1083)游览都昌,作《清隐禅院记》(全名《南康军都昌县清隐禅院记》),全文如下:

发豫章下流,略鄱阳之封,据彭蠡上游,距落星湾舆行一舍,舟行百里,有大聚落。是为古之鄡阳,今为都昌县治所。山悠而水远,能阴而善晴,升南山而望之,如李成、范宽得意图画。盖南山之于都昌,如娟秀人,直其眉目清明处也。其东则谢康乐翻经台,其西则石壁精舍,见于康乐之诗,石壁之湾洄,古木怪石,又陶桓公之钓台也。野老岩之下，盘折为隈隩，其上泉甘而繁松竹，曰清隐寺者，唐泰陵皇帝所赐名也。其后县令陈杲用咸通赦书，改筑于南山之阳，自尔余百年，阅废兴多矣，守者非其人，至无用庇风雨以食。熙宁甲寅，令王师孟初得庐山僧建隆主之，遂为南山清隐禅院。乙卯丙辰而隆卒，长老惟湜自庐山来，百事权舆，愿力成就，而僧太琦实为之股肱。于今八年，宫殿崇成，凡所以安众作佛事者，靡不斩新。松竹欣欣，安乐雨露，而无斧斤。引高泉以致日用，器械奇巧，如人血脉周流于百体也。阴房藓壁，户牖通达。昔者虫蛇之寝庙，虎豹之燕居，无不畚筑丹垩。粪其宽衍以为园蔬，老者有所休，壮者有所游，少欲而常足，无聚禄而果人之腹。

余得意于山川以来，随食南北二十年矣，未尝不爱乐此山之美，故嘉叹清隐之心，赏风月而同归。清隐曰："吾与子同与不同，付与五湖云水，惟是艰难以至燕乐，强为我记之。"清隐出于福清林氏，饱诸方学，最后入浮山圆鉴法远之室。浮山，临济七世孙，如雷如霆，观父可以知子矣。

笔者粗读黄庭坚《清隐禅院记》，感叹其写了都昌、南山、清隐禅院的方方面面：

都昌地理位置之显——"发豫州下流，略鄱阳之封，据彭蠡上游，距落星湾舆行一舍，舟行百里，有大聚落。是为古之鄡阳，今为都昌县治所。"一舍（三十里）、百里，均为约数。

自然景观之美——"山悠而水远，能阴而善晴，升南山而望之，如李成、范宽得意图画。盖南山之于都昌，如娟秀人，直其眉目清明处也。"如诗、如画、如娟秀人，真是美不胜收。

人文景观之重——"其东则谢康乐翻经台，其西则石壁精舍，见于康乐之诗，石壁之湾洄，古木怪石，又陶桓公之钓台也。"写出谢康乐翻经台、石壁精舍、陶侯钓矶，这都是都昌独有之名胜。谢诗有云："春晚绿野秀，岩高白云屯。千念集日夜，万感盈朝昏。""昏旦变气候，山水含清晖。清晖能娱人，游子憺忘归。出谷日尚早，入舟阳已微。林壑敛暝色，云霞收夕霏。"多好的诗，多美的景！

清隐成寺之初——"野老岩之下，盘折为隈隩，其上泉甘而繁松竹，曰清隐寺者，唐泰陵皇帝所赐名也。"最初清隐寺建于野老岩之下的茂林修竹之中，由唐泰宁皇帝(唐玄宗)赐名,可见当时影响不一般。

清隐寺移位——“其后县令陈杲用咸通赦书,改筑于南山之阳。”陈杲县令考虑到庙址陡峭,香客拥挤,于是将庙改建于“南山之阳”,受到香客欢迎。陈杲是都昌立县第三任县官,《都昌县志·名宦》有载:“陈杲,字可大,咸通中令邑,苦水患,筑长堤以障之,民赖以安,名其堤曰‘陈公堤’,亦名‘陈令塘’,后人称为‘官塘’。”

宋称清隐禅院——过了两百多年,庙宇老化,亟待修葺。“熙宁甲寅(1074)令王师孟初得庐山僧建隆主之,遂为南山清隐禅院。乙卯丙辰而隆卒,长老惟湜自庐山来,百事权舆,愿力成就,而僧太琦实为之股肱。于今八年,宫殿崇成。”历时两百多年,庙宇破败,由县令王师孟牵头,惟湜和尚为主,太琦和尚协助,化斋筹资,八年过后,庙宇重光,更名为清隐禅院,焕然一新。

众僧努力,庙务兴旺——庙宇挂牌清隐禅院,“凡所以安众作佛事者,靡不斩新。松竹欣欣,安乐雨露,而无斧斤。引高泉以致日用,器械奇巧,如人血脉周流于百体也。阴房薜壁,户牖通达。昔者虫蛇之寝庙,虎豹之燕居,无不畚筑丹垩。粪其宽衍以为园蔬,老者有所休,壮者有所游,少欲而常足,无聚禄而果人之腹。”一座“虫蛇寝庙,虎豹燕居”之衰败庙宇,依赖众僧努力,自力更生,自修门窗,自种菜园,森严庙宇掩映在崭新的松竹之中,佛事兴旺。清隐禅院迎来香火鼎盛的新局面。

山谷道人感叹——“余得意于山川以来,随食南北二十年矣,未尝不爱乐此山之美,故嘉叹清隐之心,赏风月而同归。”黄庭坚对南山之美发出了由衷的赞叹。清隐禅师(即惟湜长老,黄庭坚有诗《赠清隐持正禅师》赠予惟湜长老)说:“吾与子同与不同,付与五湖云水,惟是艰难以至燕乐,强为我记之。”惟湜长老请黄庭坚为清隐禅院作记,遂成斯文。

关于清隐(惟湜)其人——“清隐出于福清林氏,饱诸方学,最后入浮山圆鉴法远之室。浮山,临济之七世孙,如雷如霆,观父可以知子矣。”在此,黄庭坚介绍了惟湜长老是福建福清人,本姓林,是浮山法远禅师(号圆鉴)的弟子。他还介绍了法远禅师,后者是浮山临济公的七世孙,声名远播。

清隐寺,即清隐禅院,是都昌最早建成的寺庙之一,有泰陵皇帝赐名,黄庭坚作记，使其声名远播；赖县令陈杲、王师孟的重视，建隆、惟湜、太琦等僧人的努力，成为“南寺晓钟僧起早”的都昌八景之一，晓钟长鸣，千年香火不断。

有人问：“南寺晓钟僧起早”这一古景，还能再现吗？我们这一代人能见到、听到吗？

都昌八景、八景诗，是历来受到全县人民喜爱的传统文化和景点，是重要的旅游文化资源。都昌游子，无论天涯海角，想到八景，默诵八景诗，乡情油然而生。“西河晚渡”已被现代化履带碾碎，荡然无存。历史和时代在呼唤，愿有识之士爱护八景，重视八景，修复八景，再现八景，使这些历史文化得到传承和复苏，同新兴的文化景点相映成趣，交相辉映，让都昌更可爱，更美丽。

晚唐落第才子罗隐与都昌

徐观潮

一

《都昌县志》记载，罗隐不知何许人，得天性异，仕宦不达，遂放浪山水，侨寓鄱阳湖强山，佯狂放言，自号罗隐，卒葬县治西门外。嘉庆二十五年（1820），都昌县令吴名凤写过一首诗《罗昭谏墓》：

一官给事老江东，幕府雄谈国士风。
金榜无名成大隐，朱梁未讨泣孤忠。
云英掌上身谁嫁，郑女帘前貌岂工？
数卷诗歌两行泪，望仙山下水连空。

旧封域志“强山”条下注，强山位于都昌周溪东南，绵亘湖中，二峰突起，东边是鄱阳，西边是都昌，以窑为界。旧志记载，罗隐列唐李白后，注：字昭谏，钱塘人。

都昌旧志还记载了一则趣闻逸事。罗隐墓原在治西里许。民间相传，宋代疏港开河，掘墓得一石钤，石钤上刻有一首诗：

此地好行船，权葬一千年。
直待顾主簿，移我到望仙。

当时督工的县衙官员正是姓顾的主簿，顾主簿感叹唏嘘，依钤所言，改葬罗隐于县治西的大、小矶山中间。

旧志上说，罗隐墓到处都有，多在水口墩阜，不辨真赝也。

《旧五代史·罗隐传》也记载了这样一个故事：唐宰相郑畋有个千金小姐，酷爱罗隐的诗，朝夕吟咏不休，因此得了相思病。父亲心疼不已，一日，郑畋请罗隐来饮酒，故意让女儿知道。女儿得知请来了罗隐，相思病便好了八九分，遂轻移莲步，悄悄来到珠帘后一望。她见罗隐猥琐丑陋，着实吓了一跳，自此再不咏其诗，相思病全好了。后人有诗为证：

日夕吟诗酷爱才，及观标格叹难哉。

从来女子多皮相，一笑须从射雉回。

二

历史上真实的罗隐(833—910)，新城(今杭州市富阳区)人，因新城时属余杭郡，故有为“余杭人”也。他字昭谏，又名罗江东，因屡试不第，有归隐之志，遂改名隐，晚唐诗人。他主要生活在唐代宣、懿、僖、昭、哀五朝，入五代后梁卒，是历史上有名的“丑才子”。他二十七岁前为读书期，偶有短暂游历。二十七岁至三十八岁为应试期。大中十三年(859)底至京师，应进士试，历七年不第。咸通八年(867)乃自编其文为《谗书》，为士族所憎恶，罗衮赠诗说：“谗书虽胜一名休”。后来，他又断断续续考了几年，自称“十二三年就试期”，最终还是铩羽而归，史称“十上不第”。《唐才子传》中有这么一个笑话，隐初赴举过南昌，认识了一位艳名远播的歌妓李云英。过了一纪，隐落第又经过南昌，英笑曰：“罗秀才尚未脱白。”隐也不示弱，赠诗云：“钟陵醉别十余春，重见云英掌上身。我未成名君未嫁，可能俱是不如人。”三十八岁至五十五岁为游宦隐居期，罗隐先为衡阳县主簿，次隐居池州，后失意淮润。光启三年(887)，55岁的罗隐归乡依附吴越王钱镠，历任钱塘令、司勋郎中、给事中等职，卒于给事中任。

罗隐一生著述甚丰，今存诗歌约500首，有诗集《甲乙集》传世，散文名著《谗书》五卷60篇，哲学名著《两同书》两卷10篇，小说有《广陵妖乱志》《中元传》，另有书启碑记杂著约40篇。

罗隐的著作首推讽刺散文，堪称古代小品文的经典。收在《谗书》里的讽刺小品都是“愤懑不平之言，不遇于当世而无所以泄其怒之所作”。罗隐自称“有可以谗者则谗之”，意在“警当世而戒将来”。鲁迅在《小品文的危机》一文中对晚唐小品文在唐代文学史上的地位有非常精辟的见解：唐末诗风衰落，而小品放了光辉。罗隐的《谗书》，几乎全部是抗争和愤激之谈。

罗隐的诗也极有成就。《罗隐集》里也的确有一首证明罗隐与鄱阳湖有很深渊源的诗《宿彭蠡馆》：

孤馆少行旅，解鞍增别愁。

远山矜薄暮，高柳怯清秋。

病里见时态，醉中思旧游。

所怀今已矣，何必恨东流。

此诗中“思旧游”“所怀今已矣”分明说罗隐是故地重游。

三

都昌流传的罗隐传说讲的都是小事，但微言大义。

罗隐一次遇到一户人家盖房上梁，便上前讨酒饭吃，主人慷慨地给他吃了。罗隐酒足饭饱之后，唱道：“扶扇连上梁，丁口甚旺强。从大死到小，父不见子亡。”主人听了甚为恼火，追着打罗隐。罗隐抱头鼠窜，说：“那就大见小亡，乱死就是了。”

一年春天，罗隐骑着毛驴转悠，见一个年轻男子正在田里插秧，就想捉弄他一下，说：“插秧哥，插秧哥，一天要插几万棵。”年轻男子便不由自主插起来，累得腰酸背痛。直到天黑，才插了几万棵。他妻子见状，便问根由，年轻男子有气无力地说了个大概。妻子说：“你明天见到他，就说：‘毛驴脚，毛驴脚，一天要跑几万脚。’”第二天，罗隐果然又来了，想看看年轻男子累成什么样，谁知年轻男子精神好得很。他还想捉弄年轻男子，那句话刚出口，年轻男子马上用妻子的话应了回去。年轻男子安然无恙，罗隐的毛驴却跑了几个大圈。罗隐大汗淋漓回来问：“小哥，这话是谁教你的？”年轻男子告诉了他。罗隐想见识见识这位妇女，便问了路径，来到了年轻男子家。罗隐说：“大嫂，我走路饥渴，麻烦你炒九个菜，我要吃圆桌。”年轻妇女早猜出骑毛驴的先生是罗隐，微笑着说：“请稍待。”一会儿工夫，年轻妇女把罗隐请到磨坊。罗隐一看，一碗韭菜一碗饭，放在磨盘上。罗隐心想这女子真聪明。吃过饭后，罗隐牵驴要走，他左脚踩上镫后，回头问：“大嫂，我这是上还是下？”年轻妇女不慌不忙走到门口，笑吟吟地把一只脚放在门槛外，问：“先生，我这是进还是出？”罗隐为年轻妇女的机智所折服，大笑离去。

四

罗隐前半生因“十试不第”，足迹遍及浙、苏、皖、赣、闽、湘、鄂、陕等十余省，因而在全国各地留下了许多罗隐的传说故事。他晚年辅佐钱镠，成为吴越国的栋梁。

自宋代后，罗隐的故事就进入了各种文献和笔记。

北宋永州祁阳陶岳撰《五代史补》，对罗隐的故事记述甚多。罗隐在科场，恃才傲物，尤为公卿所恶，故屡举不第。长安有个罗尊师，会看相，罗隐因为相貌丑陋，怕相士瞧不起，不敢让他看。等到屡遭黜落，不得已，始往问焉。尊师笑曰："贫道知之久矣。你执于一第，贫道观之，虽首冠群英，亦不过簿尉尔。若能罢举，东归霸国以求用，则必富且贵矣。"隐懵然不知所措者数日。邻居有卖饭媪，见隐，惊曰："何辞色之沮丧如此！莫有不决之事否？"隐尽以尊师之言告之。媪叹曰："秀才何自迷甚焉！且天下皆知罗隐，何须一第然后为得哉！不如急取富贵，则老婆之愿也。"隐闻之释然，遂归钱塘。

罗隐有洞察世事的智慧，但他恃才傲物，言语刻薄，成也此嘴，败也此嘴。

五

历史上的罗隐一生没有那么倒霉。前半生虽然屡试不举，但也赚了一个才子的名声。他晚年官运亨通，做了吴越王的近臣，虽然没有做到宰相，但也不算怀才不遇。

一个关于罗隐之死的传说很有趣。

罗隐有一次外出游历，越走越迷茫，越走越孤独，彷徨、惆怅、困惑、无奈。走着走着，忽然遇到一阵大雨，他见路边有一块悬着的大石，石下有个不大的山洞，仅可容纳几个人。他想进洞避雨，却发现山洞早被几个先到的小孩挤满了。外面的雨越下越大，罗隐大声喊："快出来，石头要塌啦。"他这一喊，洞里的小孩全逃出来了。

罗隐只是想把小孩骗出洞外，自己进去避雨，却忘记了自己是金口银牙。罗隐刚走进洞内，一声巨响，悬在洞口上的大石就塌了下来。他想逃，然而只露出了脑袋，身子被压在大石下面，一命呜呼。他的舌头被山上的喳喳鸟啄食了。

喳喳鸟吃了罗隐的舌头，嘴变成了罗隐的嘴，叫声也能成谶了。据说如果听到喳喳鸟在枝头叫"喳！喳！喳！"，则出门不吉利；如果听到它叫"吱喳！吱喳！"，那是它在唱歌，祝贺你今天出门平安无事。

真实的罗隐的命运由他的性格决定，传说的罗隐的命运由老百姓决定。一代才子罗隐就是老百姓心里的爱恨情仇。

刘长卿夜宿芙蓉山

余树芬

逢雪宿芙蓉山主人

刘长卿

日暮苍山远，
天寒白屋贫。
柴门闻犬吠，
风雪夜归人。

这首诗写天寒岁暮，农村萧条情景，跃然纸上。刘长卿为介于盛唐及中唐间之名诗人，稍后于杜甫。他开元二十一年(733)中进士，官至监察御史。其诗长于五言。权德舆称其为“五言长城”。此诗选入《古唐诗合解》及《全唐诗精华》，均列为刘氏五绝之第一首，为其代表作。据《大明一统志》载：“芙蓉山在南康府都昌县，其峦大小相对如芙蓉。”刘氏曾任潘州、睦州、随州等地刺史，但未曾在江西为官。其至赣东北，当是游历性质，且可能在为官之前。刘氏有弟役于鄱阳，见《送舍弟之鄱阳居》诗，可能系探视亲弟而至江西。其《归弋阳山居留别卢邵二侍御》诗，有“久依鄱水住”句，可为证明。刘氏更有《登余干古县城》七律，及《余干旅舍》五律，均为辑唐诗者所常选。据此二诗，则刘氏曾至鄱阳湖东南境，亦曾到江州(九江)，有《江州留别薛六柳八二员外》诗。因此，刘氏踪迹，遍及赣东北及鄱阳湖沿岸一带，且曾留居相当时日。其过都昌县境，当在此期间，即公元770年前后。

冯延鲁归葬南峰灵芝山

汪国山

都昌南峰镇的石桥头是都昌冯姓的发脉之地，如果从北宋初年在饶州（今鄱阳县）任郡守的冯公甫（约生于995年）1021年首次踏上东汇长宁（今南峰石桥头）这片土地算起，石桥头的历史已整整1000年了。所以，石桥头冯姓村庄号称“千年古村”，所言非虚。要钩沉千年古村的历史，先得从南唐重臣冯延巳、冯延鲁兄弟来探其显赫族源。

都昌的冯氏宗谱冠之《灵芝冯氏宗谱》，“灵芝”是山名，灵芝山就在南峰镇石桥头。湖区的山，自然说不上峻峭和绵延，更多的是丘陵状。冯延鲁的陵墓就在灵芝山上。冯延鲁的曾孙、都昌冯姓始祖冯公甫1055年徙居石桥头时，将冯延鲁的陵墓由洪州（今南昌）迁葬于此。

中国封建王朝的改朝换代，脉络清晰。比如自唐高祖李渊公元618年建立唐朝，至公元907年朱温灭唐在开封建立后梁，尔后至宋太祖赵匡胤公元960年建立宋朝，其间经历了六七十年的“五代十国”时期。“五代”指后梁、后唐、后晋、后汉、后周，这期间先后存在过一些封建割据政权，其中有吴、前蜀、吴越、楚、闽、南汉、荆南（南平）、后蜀、南唐、北汉等国，史称“十国”。冯延鲁和他的异母兄冯延巳都是南唐时的重臣，在《南唐书》《宋史》《资治通鉴》等史籍中，都能找到关于冯氏兄弟生平的记载。对于南唐，人们往往会想到那个写过“问君能有几多愁，恰似一江春水向东流”的亡国之君李煜。

冯延巳，又作延嗣，字正中，史称五代江都府（今江苏扬州）人，南唐著名词人、重臣。他仕于南唐烈祖李昪、中主李璟二朝，三度入相，官至太子太傅，卒谥忠肃。冯延鲁（约900—975），讳谧，史称安徽新安（今安徽休宁）人。冯延鲁锐于仕进，在南唐李昪、李璟、李煜三朝历任中书舍人、工部侍郎、东都副留守、户部侍郎、户部尚书、常州观察使等职。冯延鲁在朝为官，得兄冯延巳庇护不少。后晋开运末（946），闽越大乱，冯延鲁与谏议大夫陈觉前往安抚，未能平息，次年南唐发数郡之兵武力平乱。冯延鲁率部在福州大战，所部不擅海滩泥淖作战，冯延鲁求胜心切，欲求毕其功于一役，诱敌登岸至平地以尽剿，结果遭到对方反攻，而冯部后援乏力，损兵折将，大败而退。时朝中政敌借机奏本请皇帝降罪，中主李璟遣使臣将冯延鲁押解至金陵。幸得冯延巳身居宰相之位从中斡旋，故改为流放舒州。冯延鲁在南唐后期还是因才干超群而受到重用。他似乎不擅于领兵，福州之败后，李煜任命他为东都副留守，率部拒后周的南伐，又是大败，以致扬州城陷，冯延鲁削发藏于寺内避难才逃过一劫。冯延鲁为后周所俘后，周世宗（柴荣）感其忠于所事，为名节之士，授太府卿，留居汴京三年，后归南唐迁刑部侍郎、户部尚书。

冯延鲁似乎在舌辩上一直是个智勇之人。他数次临危受命代表颓废的南唐与勃兴的北宋和谈，以让没落王朝能苟延残喘，客观上也因息兵罢战而避免了战祸蔓延，生灵涂炭。赵宋王朝公元960年立国之后，南唐还残存了十余年。《续资治通鉴》记载了建隆元年（960）冯延鲁与宋太祖赵匡胤的一场直接对话，弱国之臣冯延鲁表现得不卑不亢，不辱使命，大有春秋时“晏子使楚”的气度。且录一段史载以证冯延鲁之从容应对：

帝曰：“虽然，诸将皆劝吾乘胜济江，何如？”延鲁曰：“重进（指被赵匡胤追杀的后周淮南节度使李重进）自谓雄杰无与敌者，神武一临，败不旋踵。况小国，其能抗天威乎？然亦有可虑者，本国侍卫数万，皆先主亲兵，誓同生死，陛下能弃数万之众与之血战，则可矣。且大江天堑，风涛不测，苟进未克城，退乏粮道，事亦可虞。”帝笑曰：“聊戏卿耳，岂听卿游说耶！”

面对咄咄逼人的宋太祖提出对一丝尚存的南唐“乘胜”攻杀，冯延鲁有理有据地申明利害，既有谦和从容的礼仪，又有威武不能屈的气概。最后赵匡胤不得不自我解嘲式地圆场：“我只是和你开开玩笑而已。”三年后，冯延鲁卒于豫章（今南昌），80余年后，其灵魂归于石桥头的灵芝山。

冯延鲁之兄冯延巳彪炳青史的不是他三履南唐宰相之位，而是词坛之耀眼地位。可以说，冯延巳与李煜是南唐词坛的“双峰”。且录冯延巳一阙《鹊踏枝》以赏其词韵：

谁道闲情抛掷久？每到春来，惆怅还依旧。日日花前常病酒，不辞镜里朱颜瘦。

河畔青芜堤上柳，为问新愁，何事年年有？独立小桥风满袖，平林新月人归后。

亡国之音哀以思，纵有笙歌亦断肠。这首孤寂惆怅的言情词，所言又何尝不是身处乱世的他在官宦场上的凄冷之感。冯延巳有词集《阳春录》失传，中华书局1999年出版的《全唐五代词》收录冯延巳词作112首。刘融斋（刘熙载）在《艺概》中言："冯延巳词，晏同叔（晏殊）得其俊，欧阳永叔（欧阳修）得其深。"清末王国维在《人间词话》中如是评道："冯正中词虽不失五代风格而堂庑特大，开北宋一代风气，中、后二主皆未逮其精诣。"南宋词坛大家陆游评："延巳工诗，虽贵且老不废。"在当代，不少古文艺研究者认为，正是以冯延巳为代表的南唐词家，提升了词的精神和品格，使之从花间樽前的浅斟低唱，逐渐走向了士大夫文人的案头文学和心灵文学，其开拓性与影响力对北宋词风的形成有极其重要的意义，说冯延巳在词史上有着"正变之枢纽"的地位是毫不为过的。

冯延巳的辞章流芳百世，他的人品却颇受非议，常被政敌指责为"奸佞险诈"。陆游在《南唐书·冯延巳传》中，将冯延巳、魏岑、陈觉、查文徽、冯延鲁五人称为"五鬼"。"五鬼"中有冯氏二兄弟，也有地方文史研究者将"鬼"解读为"机敏灵活"，这种为尊者而讳的褒义解读显然与史书上对"五鬼"的贬义书写不符。历史本就如任人打扮的小姑娘，北宋马令在《南唐书》上对"五鬼"就用了"阴险奸诈"一词，可见其史论立场。马令在史书上划定了南唐党争的两大阵营，将宋齐丘以及所谓的"五鬼"列为一党，将孙晟、常梦锡、韩熙载等列为一党。马令、司马光、陆游等古史学家对南唐党争多秉持批评态度，言辞或有夸张刻薄之嫌。近年来，已有不少研究人员不再在南唐党争的琐事是非上纠缠不休，他们开始注意从时代特点与社会转型的宏观出发，探索南唐这一特殊时期的党争与社会发展进步的关系，为南唐党争的研究传递出一丝清新的信息。他们对冯延巳、冯延鲁兄弟的文治政绩和史家立场的站位失偏，也有客观的评述。

冯公甫将曾祖父、南唐户部尚书冯延鲁及夫人吴氏之陵，由南昌府（今南昌）迁葬灵芝山。陵区柱联意境邈远而空灵："烟云图画里，山水有无中"。自此，近200年内冯延鲁夫妇在灵芝山独享祥地，长佑子孙。南宋中期，理学大师冯椅的母亲曹氏从泓潭苦竹岭(今属土塘镇冯坊村)迁葬于此。及至元代,也只有冯氏13位先人入陵区安葬,此后封葬。灵芝山陵园成为冯氏后裔敬祖崇宗的一方肃穆之地。清乾隆三十八年(1773),陵园重修过一次;1954年大水泛滥,灵芝山成了一方避洪的码头,陵区遭损严重;1958年大修水利,陵区石料被工程征用,古碑雕遗存尽失;2006年灵芝冯氏启动宗谱统修,当年决定对延鲁公陵园再次重修,如今这一遗迹弥漫着南唐历史文化的气息。

苏东坡南山题诗

詹玉新

苏东坡被贬官后，辞去了所有的姬妾，只带上一小卷行李、两名心腹家仆，离京南下。

主仆三人行走一日，来到一家小店投宿。深夜，正当苏东坡面对孤灯，无言静坐时，突然房门被推开，走进两个女子来，“扑通”一声跪在他脚下。苏东坡抬头一看，竟是他的爱妾碧桃和一个丫鬟。只见碧桃风尘仆仆，抱住苏东坡的双膝，哭道：“老爷，你蒙受大屈，孤独南下，贱妾怎么也放心不下。我跟随老爷能享荣华富贵，也能过艰难困苦的日子，你就把我留在身边吧。”苏东坡又何尝不想有一位爱妾相伴他南去呢？于是，他双手扶起碧桃，把她留下了。

苏东坡一行日夜兼程，经安徽，渡长江，入湖口。一路上，衣食起居有碧桃细心料理，苏东坡的悲愤忧郁渐渐平息。可是，碧桃毕竟是身体单薄的女子，哪经得住连日的颠簸？她刚到鄱阳湖就生病了。苏东坡不免又增添了忧虑。他吩咐家仆，先在鄱阳湖边的都昌县城歇息几日，找良医给碧桃治病。

都昌县城南门附近有个书院，一行五人便在这书院安宿。谁知，名医求遍，良药用尽，碧桃的病反而日复一日地加重。苏东坡听闻南山古寺十分灵验，便带着香烛纸马，由家仆引路，乘船来到县城前面的南山。只见绿树翠竹中，有一座青瓦白墙的庙宇，正门上“古南寺”三个大字赫然醒目。苏东坡跨进庙门，寺中的惟湜和尚忙迎上前。苏东坡说明来意，惟湜和尚听罢，连忙吩咐小和尚点燃香烛纸马，敲响木鱼，陪着苏东坡跪在佛像前，合掌祈祷起来。突然，一阵山风卷进殿堂，佛灯熄灭了，一堆纸钱灰满殿飞扬。

惟湜和尚和苏东坡好生奇怪，走出寺门，只见浮云漫卷，满山松竹呼啸，满湖白浪翻滚。苏东坡惦念碧桃，连忙告辞下山。可是，惟湜和尚拦住了他，说道：“先生，此时风急浪高，小船不可横渡，请暂去陋室用茶，待风平浪静，再返回不迟。”苏东坡无奈，恨不能肋下生双翼飞过湖去。他无心回寺用茶，自顾一步一颠地登上南山顶上的八仙石，面对都昌县城，隔湖凝视，一时心绪繁乱：他想

到自己老年失志,仕途潦倒;想到再遭贬谪,爱妾又患重病……悲戚交加,感伤万分,便信口吟出一首诗来:

鄱阳湖上都昌县,灯火楼台一万家。

水隔南山人不渡,东风吹老碧桃花。

惟湜和尚一旁听罢,并不理解诗中的含意,只当苏东坡是对景咏物,连忙叫小和尚拿来文房四宝,请苏东坡将此诗留下,当一看到落款书的是“眉山苏轼”四字时,惟湜和尚顿时傻了眼:原来这位竟是大名鼎鼎的苏东坡,当即连说“失敬”,又赶忙备了一桌丰盛的斋饭,招待苏东坡。

吃罢饭,风息了,浪静了,苏东坡急急告辞,惟湜和尚送下山来。当他们走到一个大岩石下,只见一泓泉水,清澈如镜。惟湜和尚哪知苏东坡此时的心境,硬是要他为岩泉志铭。苏东坡推脱不得,便根据汉武帝刘彻当年南巡,请南山岩下老人出山的传说,提笔写了“野老泉”三个字,随即便匆匆下山而去。

当苏东坡和家仆两人奔进书院时,碧桃已经死去。苏东坡一阵晕眩,倒在两个家仆的怀抱中。

这真是雪上加霜啊!苏东坡悲痛万分,一下变得更加苍老了。他无心再在这鄱阳湖上久留,便吩咐家仆继续启程南行,并要将碧桃的遗体一同带走,让她永远伴在自己的身边。

小船起航了,苏东坡忽然发现身边碧桃的遗体不见了。他一阵惊讶,揉揉眼皮,可是怎么也定不下神来。这时,只见一位酷似碧桃的女子亭亭玉立在他的面前,手端一碗热茶,满脸春风。苏东坡更觉得奇了,连忙问道:“你是碧桃吗?你不是离我而去了吗?”女子笑了,说:“老爷,玉皇大帝念您博学多才,为官清正,有意助您渡过难关,特封我为碧桃仙子,侍奉您到任。”

苏东坡一听,顿时笑逐颜开。他奔到船头,双膝跪下,朝天叩拜再三,又大呼道:“苍天有眼,我眉山苏轼纵是再苦再难,也要竭力普度百姓,报效天恩!”苏东坡拜谢完毕,只觉得湖面碧澄,长空碧蓝,小船鼓满风帆,似箭一般,飞出鄱阳湖,进入赣水而去。从此,苏东坡的南山题诗和野老泉的题字,在都昌县城为后人留下了一个美丽的传说。

苏辙登南山之猜摸

邵徽栋

在都昌，宋代大文豪苏东坡，可以说是人尽皆知。因为他曾经来过都昌，并且留下了脍炙人口的《过都昌》美丽诗篇和南山"野老泉"题词。而其实，和他同负盛名的他的弟弟苏辙，在他来后不久，也来过都昌，并且也写下了美丽的诗篇，但鲜为人知，或知之者甚少。

翻开苏辙的《栾城集》卷十三，就可以读到两首诗：《题都昌清隐禅院》和《除夜泊彭蠡湖遇大风雪》。

《题都昌清隐禅院》："北风江上落潮痕，恨不乘舟便到门。楼观飞翔山断际，松筠阴翳水来源。升堂猿鸟晨窥坐，乞食帆樯莫绕村。谁道溪岩许深处，一番行草认元昆。"

《除夜泊彭蠡湖遇大风雪》（节录）："暮发鄡阳市，晓捞彭蠡口。微风吹人衣，雾绕庐山首。舟人释篙笑，此是风伯候。杙舟未及深，飞沙忽狂走。晴空转车毂，渌水起冈阜。众帆落高张，断缆已不救……"

这两首诗告诉我们一件事，即苏辙曾经来过都昌，并且在南山游览过。

第一首《题都昌清隐禅院》：内容清楚明白，作者确实来过都昌。"清隐禅院"，即都昌县城旁边的南山半山腰上的一座寺庙。起首两句侧面点了当时具体的时间和苏辙急迫的心情，中间四句写了景致，后两句写他在南山游览时，偶然发现了其兄苏东坡在南山的题词石刻。

第二首诗《除夜泊彭蠡湖遇大风雪》："彭蠡湖"即鄱阳湖，首两句中的"鄡阳"是都昌旧称。这首诗进一步点明作者来过都昌，而且是除夕傍晚离开都昌前往湖口方向的，而当晚在鄱阳湖中为风雪所困。

苏辙是什么时候，因何事来都昌并题写《题都昌清隐禅院》的呢？

苏辙（1039—1112），字子由，眉州眉山（今属四川）人，苏轼之弟，散文家，著有《栾城集》。他与父苏洵、兄苏轼合称"三苏"，均在"唐宋八大家"之列。仁宗嘉祐二年（1057），苏辙与苏轼一起中进士；嘉祐六年（1061），又与苏轼同中制举科。此后，他曾任大名府推官。熙宁三年(1070)，苏辙上书神宗，力陈法不可变，又致书王安石，强烈指责新法。熙宁五年(1072)，他出任河南推官。元丰二年(1079)，其兄苏轼以作诗“谤讪朝廷”罪被捕入狱，史称“乌台诗案”。他上书请求以自己的官职为兄赎罪，未经批准，反而受牵连被贬，监筠州盐酒税。元丰八年(1085)，旧党当政，他被召回朝，元祐六年(1091)官拜尚书右丞，进门下侍郎，执掌朝政。元祐八年(1093)，哲宗亲政，新党重新得势。绍圣元年(1094)，他上书反对时政，被贬官，出知汝州、袁州，后又贬循州等地。崇宁三年(1104)，苏辙在颍川定居，过田园隐居生活，筑室曰“遗老斋”，自号“颍滨遗老”，终日读书著述、默坐参禅。苏辙死后被朝廷追复为端明殿学士，谥文定。

从苏辙的生平来看，苏辙曾经因为其兄苏轼元丰年间“乌台诗案”而受牵连，被贬为监筠州盐酒税。筠州即江西高安一带。而元丰八年(1085)，旧党当政，苏辙被召回朝，任秘书省校书郎等职。由此，苏辙应是元丰七年(1084)底，过都昌，题清隐禅院，并拜会清隐寺惟湜长老的。

那苏辙在年关将近，又值寒冬之时，又因何来到都昌南山呢？

一般说法是避风。那时都昌境内主要的交通工具是船。冬天的鄱阳湖，风雪阻船是常有的事。“北风江上落潮痕”，鄱阳湖上有“落潮”的“痕”，而又有“北风”，当属冬天无疑。何况作者的心情很急，“恨不乘舟便到门”，又是年关，“除夕夜泊彭蠡湖”，如果不是避风，哪有闲情游山玩水呢？

这种说法自然为多数人所取。但从筠州过鄱阳湖，出湖口，熟悉鄱阳湖水路的人都知道，如真是为了避风，绕路都昌，那是舍近求远。所以，笔者还猜测有另外几种原因，未必没有道理。

一是访友。南山清隐禅院的长老惟湜，曾和苏轼很熟，苏轼曾在南山游玩、住宿、题诗、题词。《中国佛教大辞典》载：“长老惟湜号南禅，参浮公法远有悟。住南康清隐院。后移赣县崇庆院。识子瞻兄于净因，有简刻石。”像这样的大事，作为弟弟的苏辙不可能不知道。他途经鄱阳湖，顺便看望拜访一下这位高僧也在情理之中。

二是慕名。清隐禅院是惟湜所经营，而他又是应都昌县令之请从庐山下来的长老，同样是大文豪、达官的黄庭坚于元丰六年(1083)，为南山作《清隐禅院记》。《清隐禅院记》谓熙宁乙卯、丙辰间，“长老惟湜自庐山来，百事权舆，愿力成就……于今八年，宫殿崇成。”这说明清隐禅院，包括惟湜长老的影响力都很大，苏辙慕名而来也未可知。

三是问佛。宋代士大夫、文人墨客或迫于时世艰险，投迹寺院寻求精神寄托，或畅游名山，寄宿庙宇，与高僧谈禅论政，附庸风雅。他们大多笃信佛禅，并成为一种社会现象，即“宋代文人僧侣化，僧侣文人化”。而苏辙可以说与佛教结下了不解之缘。苏辙生长在佛教信仰浓厚的家庭，父亲苏洵广结名僧，母程氏与兄苏轼亦笃信佛教。加之北宋又处在禅宗振兴盛世，因而他特别喜欢驻足寺院，一生中足迹遍及大江南北诸佛寺。加上一生迁谪多次，苏辙与佛禅思想深度契合。早在9岁时，他就陪父亲自嵩山到庐山，与居讷禅师、景福顺长老游赏，后来进入官场，喜读内典，《金刚经》《法华经》《楞严经》《维摩诘经》《华严经》《涅槃经》《般若经》皆有涉猎。研读佛经之余，他广与僧人交游，诗偈相酬，如四川成都的宝月惟简、筠州的黄龙宗洞山克文禅师、黄檗道全禅师、圣寿省聪禅师等，均有密切往来。被贬谪筠州，苏辙途经庐山游览圆通寺，与知慎长老相谈甚欢。到筠州后，苏辙继续与知慎长老保持联系，诗词往来。其间，他还经常上黄檗山，亲近道全禅师。在道全禅师的鼓励之下，苏辙开始参禅打坐。道全禅师卒葬本山，也是苏辙为其撰塔铭。后来，苏辙又前往筠州寿圣寺，拜谒省聪禅师。省聪禅师云：“圆照未尝以道语人，吾亦无以语子。”苏辙一听，便得言外之旨。所以，像苏辙这样笃信佛门的人，又是衣锦还朝，当经过鄱阳湖，即便风浪再大，即便心情再急，他也会挤出时间，登南山，拜会清隐禅院惟湜长老。

洪迈《太尉刘锜碑铭》与蔡东藩笔下“顺昌大捷”

余星初

洪迈(1123—1202),南宋史学家,鄱阳人。绍兴进士,任吏部员外郎。曾出使金国,出知泉州、吉州、赣州、建宁、婺州。又任起居舍人,悉心研史。拜翰林学士,进龙图阁学士,著作有《夷坚志》《容斋随笔》。因撰写《太尉刘锜碑铭》,同都昌结缘。

起因——在刘锜(1098—1162)死后三十四年(1196),时任江州通判的刘锜三公子刘淮始来告曰:“先公丽牲之石未刻,盖阙如也,敢以请。”也就是说,洪迈是在刘淮的请求下,为刘锜作碑铭的。他在碑铭中也表示自己与刘锜相识,且敬重刘锜的人品,为刘锜“勒崇”是他长久以来的愿望,所以“敬撰先君子手泽,涕泗弥襟”。

当时的抗金形势——洪迈开篇写道:“靖康元二之际,天下殆哉!”于是,“真人龙翔魏沛,断鳌立极,东奠淮、楚,西妥梁、益,北拓樊、襄,皆枭俊禽敌之臣,实策是赖,厥功茂焉。”“真人”指宗泽、岳飞、韩世忠、刘锜等开创了抗金救国大好形势的将领。

刘锜籍贯——“公姓刘,讳锜,字信叔,出自庐南鄡阳,寄居秦州成纪。”鄡阳,都昌之前身,刘锜,都昌人也。

刘锜家世——“曾祖,赠检校少保,讳球;祖,文史副使,赠太子太师封吴国公,讳惟恂;考,泸州军节度使,赠太师,加封吴越国公,谥威肃,讳仲武;母薛氏,继母王氏,皆封夫人……男三人:长涓,忠翊郎;次津,武节郎,鄂州右军统制;次淮,承议郎,通判江州。孙男:棫,忠训郎,徐州信阳军巡辖马递铺;楫,承忠郎,监新化税;枢,忠训郎,监崇仁税。”

刘锜其人——“公行九(排行第九)……以军功累官至太尉,卒年六十有五,赠开封府仪同三司。容貌伟硕,眸子瞭然,美须髯,声音如洪钟。喜威仪,守礼法,究涉经传……”总之,刘锜是能文能武之人。

刘锜战功——“然暴评长短,盖有所谓一时之功者。至若武穆刘公锜,颖上之勋，卓荦宏伟。”洪迈在碑铭中称刘锜战功卓著，甚至令“北国权挫胆落，有捐燕以南之意”。

洪迈《太尉刘锜碑铭》全文如下

靖康元二之际，天下殆哉！真人龙翔魏沛，断鳌立极，东奠淮、楚，西妥梁、益，北拓樊、襄，皆枭俊禽敌之臣，实策是赖，厥功茂焉。然暴评长短，盖有所谓一时之功者。至若武穆刘公锜颍上之勋，卓荦宏伟，是诚基本所系。吾家忠宣公为羁幽朔，荐持上林，系帛书，大概言北国权挫胆落，有捐燕以南之意。盖其威宣沙漠，视古良将，真可雁行立。峣峣难全，丑正接迹。上为元宰所撼，旁遭要人所倚，朝萋夕菲，左而远之，不使一日安于朝廷之上。吉甫受燕喜之祉而无孝友张仲者为之内，李愬著淮蔡之武而无晋国裴公者处于中，栖迟暮年，再执戎柄，功名有讫，鬼得而乘之，悲夫！公姓刘，讳锜，字信叔，出自庐南鄣阳，寄居秦州成纪。曾祖，赠检校少保，讳球；祖，文史副使，赠太子太师，封吴国公，讳惟恂；考，泸州军节度使，赠太师加封吴越国公，谥威肃，讳仲武；母薛氏，继母王氏，皆封夫人。公行九，生未冠，威肃破羌歌成，获王。徽宗尽官其子，补公三班借职。以军功累官至太尉，卒年六十有五，赠开封府仪同三司。容貌伟硕，眸子瞭然，美须髯，声音如洪钟。喜威仪，守礼法，究涉经传，每自比王忠嗣、郭汾阳。天性善射，从父西边时，斛贮水牙门下戏，一发中之，拔矢水流如注；再发正室其穿，泯不见鏃。颖威既立，名声艪于朝郵。使者来，宴都驿上价，讳酒，其长窃谓曰：“盏里没四厢，何不饮！”亮之至也，令有敢言公姓名者斩。率群下坐帐中，较南朝诸将，孰敢当，先以数十，皆随对，最后指公，莫有应者。亮曰：我自当之，其见重如此。天不与龄，贵而不极于用，用而不尽其长，邦国殄瘁，识者太息。封彭城郡公，食邑九千六百户。元配薛氏，永国夫人，继邹氏，和国夫人，皆先亡。男三人：长涓，忠翊郎；次津，武节郎，鄂州右军统制；次淮，承议郎，通判江州。孙男：棫，忠训郎，徐州信阳军巡辖马递铺；楫，承忠郎，监新化税；枢，忠训郎，监崇仁税。同时大功臣子官执政，握节钺，正位陆尚书，视留兼车法从论撰，为几箧中物。公子孙名宦甫尔，可胜叹哉！后来健将如郭振、赵撙、员锜、许青、郭江、许赟、王明、王世雄，皆出部曲，建方面勋，用兵行师，盖有祖述，功在庙社，代不一书。与邹夫人合葬谷山寺南原上。太常摭折冲御侮，临难不忘国，国惠谥之曰武穆，礼也。薨之三十四年，累赠少傅。淮始来告曰：“先公丽牲之石未刻，盖阙如也，敢以请。”迈敬撰先君子手泽，涕泗弥襟，且尝得拜于宾阶，其于勒崇扬徽愿之久矣，故请不待再，铭曰：

国之将兴，爪牙实赖。将得其人，敌王所忾。
泰山四塞，乔岳洪河。是谓西山，良将孔多。
种姚郭吴，世擅俊轨。彼刘之英，表表愈伟。
丕显威肃，震于临洮。乃生九龙，门风益高。
岂无象贤，美玉沽匵。卓哉稚虬，屹立于独。
小试震武，厥声已齐。夏酋丧元，羌儿咘啼。
涒滩之庚，京洛横溃。羯胡宣骄，易我坚对。
挈提孤单，于颍之疆。封豕正抟，扼其喉吭。
狺狺犬渠，骞悖以怢。黑云压城，顷跬破碎。
螗蜩山立，堕吾目中。三战三北，万屯扫空。
谁云敌刚，随指辄仆。奉头鼠辱，死不南首。
欢腾天颜，褒艳倾都。遂建麾节，督于骑胠。
清溪柘皋，锐策奇伐。孰为谗蠹，不我禄答。
顿之渚宫，春秋六更。我以柔治，为民扞城。
元凶饮江，矢俾送死。功名欺人，病讫不起。
方航大川，断其楫维。遗珍至今，天实为之。
御侮折冲，难不忘国。容台节惠，名弗虚得。
长沙杲杲，禀惟公藏。三十四年，樸槱列行。
碑成何迟，我最其目。庙社元勋，过我必肃。

所谓“颍上之勋”，就是“顺昌(阜阳)之捷”。请看蔡东藩《宋史通俗演义》第七十四回《刘锜力捍顺昌城　岳飞奏捷朱仙镇》(节选)：

只有河南一方面，金兀术已据东京，且派兵南下。适刘锜奉命为东京副留守，行至涡口，方会食，忽西北角上刮到一阵暴风，把坐帐都吹了开去，军士皆惊。锜从容道：“这风主有暴兵，系贼寇将来的预兆，我等快前去抵御便了。”遂下令兼程前进，至顺昌城下，知府陈规出迎，且言金兵将至。锜即问道：“城中有粮食否？”规答言：“有米数万斛。”锜喜道：“有米可食，便足战守。”遂偕规入城，为守御计，检点城中守备，一无可恃，诸部将相率怯顾，多说应迁移老稚，退保江南。惟(唯)一将姓许名清,绰号夜叉,挺身出语道:“太尉奉命副守汴京,军士扶携老幼而来,一旦退避,欲弃父母妻孥,情有不忍,欲挈眷偕逃,易为敌乘,不如努力一战,尚可死中求生。”锜大悦道:“我意亦是如此,敢言退者斩!”原来刘锜曾受(授)爵太尉,部下多是王彦八字军,因往守东京,所以俱携带家属,连刘锜亦挈眷同行。锜既决计守城,遂命将原来的各舟击沉江底,示无去意,并就寺中置居家属,用薪积门,预戒守吏道:“脱有不利,即焚吾家属,无污敌手。”于是军士争奋,男子备战守,妇人砺刀剑,各踊跃奋呼道:“平时人欺我八字军,看我此番杀贼哩。”锜取得伪齐所造痴车,以轮辕埋城上,又撤民户扉作为屏蔽,焚去城外民庐数千家,免为敌有。

阅六日,整缮粗竣,便有敌骑驰至。锜预设伏兵,骤然突出,获住骑士二人。当由刘锜讯问,一不肯答,为锜所杀。剩下一人叫作阿黑,见同党被戮,不敢不据实相告。但说韩将军驻营白沙窝,距城三十里。看官道韩将军为谁?便是金将韩常。锜即夜遣锐卒千人,往捣韩营。韩常仓猝(促)拒战,禁不住来军勇猛,更兼月黑灯昏,自相攻击,冤冤枉枉的(地)死了数百人,不得已退兵数里。那来军却得着胜仗,全师自归,韩常只好自认晦气。既而金三路都统葛王乌禄率兵三万,与龙虎大王合兵薄城。锜却大开城门,似迎接一般,乌禄等反不敢进城。猛闻城楼上一声梆响,箭似飞蝗般射来。金兵多中箭落马,渐渐退走。锜亲督步兵,从城中杀出,可怜金兵落荒而逃,被锜军蹙至河边,溺毙无数。锜回军入城,休息二日,闻金兵又进驻东村,距城二十里,乃复遣部将阎充募敢死士五百人,乘夜袭敌。可巧是夕天雨,电光四闪,阎充领壮士突入金营。从电光影下,见有辫发兵,立即杀毙,金兵又骇退。锜闻阎充获胜,又募百人往追,每人各给一鲥,如市中儿戏的叫子,作为口号,且嘱他见电起击,电止四匿,百人受计而去。金兵正被阎充击却,退走十五里,正思下寨,蓦听得鲥声四起,不由得慌乱起来,那电光忽明忽灭,电光一明,便有刀光过来,飕飕的好几声,有几个好头颅,被他斫去,电光一灭,刀光也没有了,头颅也不动了。金兵疑神疑鬼,起初尚不敢妄动,等到队中兵士多做作无头鬼,忍不住奋起乱击。哪知击了一阵,统是自家人相杀,并没有宋军在内,统将命各爇火炬,偏是大风乱吹,随点随熄。俄顷鲥声又起,飞刀复至,害得金兵扰乱终宵,神情恍惚,自思站留不住,再退至老婆湾。锜军百人,一个儿也不少,金兵却积尸盈野,多向枉死城中叫冤去了。

兀术在汴，屡得败警，即率兵十万来援，锜又会诸将计议，或云今已屡捷，可全师南归。陈规道："朝廷养兵十年，正所以备缓急，况已挫敌锋，军声少振，就使寡不敌众，也当有进无退。"锜接入道："府公是个文人，尚誓死守，况汝等本为将士呢？试思敌营甚迩，兀术又来，若我军一动，为敌所追，反致前功尽废，金虏得侵轶两淮，震惊江浙，我辈报国忠诚，岂不是变成误国大罪么(吗)？"将士闻言，方齐声道："惟太尉命！"于是军心复固，专待兀术到来。兀术抵城下，严责部将丧师，大众俱答道："南朝用兵，非前日比，元帅临城，自知厉害。"兀术不信，适锜遣耿训约战，兀术怒道："刘锜怎敢与我战？我视此城，一靴尖便可趯倒呢。"训微哂道："太尉不但请战，且谓四太子必不敢渡河，愿献浮桥五座，令贵军南渡，然后接战。"兀术狞笑道："我岂畏刘锜么(吗)？你回去报知刘锜，休得误约！"耿训自回。锜即于夜间，使人至颍，置毒颍水上流及水滨草际，戒军士毋得饮水。待至黎明，竟就颍水上，筑五座浮桥，令敌得渡。时当盛夏，天气酷暑，兀术率兵渡颍，人马多渴，免不得饮水食草，人中毒辄病，马中毒辄死，兀术尚未知中计，渡颍薄城，列阵以待。锜以逸待劳，按兵不动。至日已过午，天气少凉，乃遣数百人出西门，与敌对仗。兀术见锜兵甚少，毫不在意，但令前军接战。锜军统制赵樽、韩直麾兵奋斗，身中数矢，并不少却。兀术再遣兵助阵，把赵、韩两将围住。谁知城内发出一彪人马，从南门杀来，口中并没有呼喊声，但持巨斧乱斫，将金兵冲作数截。兀术见不可挡，亲督长胜军前进。什么叫作长胜军？军士皆着铁甲，戴铁鍪，三人为伍，贯以韦索，每进一步，即用拒马随上，可进不可退，以示必死。兀术屡恃此得胜，此次复用出故技来斗锜军。锜早已预备，即率长枪手、刀斧手两大队，亲自督战。长枪手在前，乱挑金兵所戴的铁鍪，刀斧手继进，用大斧猛劈，不是截臂，就是碎首。兀术复纵出铁骑，分左右翼，号为拐子马，前来抵敌。锜仍命长枪大斧驱杀过去，拐子马虽然强健，也有些抵挡不住，逐步倒退。忽然大风四起，斜日无光，锜恐为金军所乘，亟用拒马木为障，阻住敌骑，且高呼兀术道："金太子兀术听着！两军已斗了半日，想尔军亦应饥馁，不如彼此少休，各进夜餐，再行厮杀。"兀术也自觉腹饥，巴不得有此一语，遂应声允诺。锜即命军士入城担饭，须臾持至饭羹，分饷军士。锜亦下马进餐，从容如平时。兀术也命部众饱食干粮。两下食竟，风势稍减，锜军复乘着上风，撤去拒马木，再行接仗。锜见兀术身披白袍，骑马督阵，便奋呼道："擒贼先擒王，何不往擒兀术?”军士闻命,都拼命上前,向兀术立马处杀入。兀术手下的亲兵不及拦阻,只好拥着兀术倒退下去,为这一退,阵势随动,顿时大乱,遂四散奔窜,兀术亦即退走。刘锜乘势追杀,但见道旁弃尸毙马,血肉枕藉,车旗器甲,积如山阜,好容易搬徙两旁,金兵已逃得很远,料知追赶无益,乐得将道旁弃物搬凑数车,打着得胜鼓回城。是夕,大雨如注,平地水深尺余,兀术退军二十里外,仍然立足不住,竟率败军回汴去了。锜报称大捷,高宗甚喜,授锜武泰军节度使,兼沿淮制置使,将士等亦赏赉有差。

王阮与都昌

张春生　余略逊

近日，我偶然读到宋代王阮写的一首诗作《都昌沿檄黟歙遇春》：“忽忽年华换，悠悠客路长。春声先水响，山气欲花香。何补公家事，空随吏役忙。白云知此意，一片直都昌。”

王阮，字南卿，江西德安人。宋孝宗隆兴元年（1163）进士，调南康府都昌主簿，后移永州教授。淳熙六年（1179），知浙江新昌县。到了光宗绍熙中期，改任濠州（今安徽凤阳市）知州，后又改任抚州知府。宁宗庆元初期，韩侂胄当政朝野，久闻王阮之名，特命王阮入奏朝廷，同时派人诱以高官厚禄，对王阮进行拉拢。王阮并未受其诱惑，坚辞不受。韩侂胄大怒，批旨予王阮为祠禄官，将王阮闲置了起来。于是，王阮借此机会辞官不做，回家后归隐于庐山。王阮嘉定元年（1208）卒，一生著有《义丰文集》一卷，《宋史》第395卷、明嘉靖版《九江府志》13卷上均载有他的传略。

宋孝宗刚刚即位时，欲成就高宗之志，雄心满满。首次下诏就以经理好建业为策，以图进取，而朝中的大臣们只求一时之安，畏缩不前，从而导致皇帝的决策最终落了空。

公元1163年秋天开科取士，王阮参加了礼部举办的贡试，他在答题时的文章是这样写的：

临安蟠幽宅阻，面湖背海，膏腴沃野，足以休养生聚，其地利于休息。建康东南重镇，控制长江呼吸之间，上下千里，足以虎视吴、楚，应接梁、宋，其地利于进取。建炎、绍兴间，敌人乘胜长驱直捣，而我师亦甚惫也。上皇遵养时晦，不得与平，乃驻临安，所以为休息计也。已三十年来，阙者全，坏者修，弊者整，废者复，较以曩昔，倍万不侔。主上独见远览，举而措诸事业，非固以临安为不足居也。战守之形既分，动静进退之理异也。

古者立国，必有所恃，谋国之要，必负其所恃之地。秦有函谷，蜀有剑阁，魏有成皋，赵有井陉，燕有飞狐，而吴有长江，皆其所恃以为国也。今东南王气，钟在建业，长江千里，控扼所会，辍而弗顾，退守幽深之地，若将终身焉，如是而曰谋国，果得为善谋乎？且夫战者以地为本，湖山回环，孰与乎龙盘虎踞之雄？胥潮奔猛，孰与乎长江之险？今议者徒习吴、越之僻固，而不知秣陵之通达，是犹富人之财，不布于通都大邑，而匣金以守之，愚恐半夜之或失也。傥六飞顺动，中原在跬步间，况一建康耶？古人有言："千里之行，起于足下。"人患不为尔。

王阮的文章直面指出了当时的朝廷乐于偏安、不思进取之弊端，是对当时朝政的有力鞭挞和当头棒喝。主考官范成大在读了王阮的文章之后，由衷地称赞王阮道："真是个杰出人才啊。"

于是，在这次的贡院考试中，王阮一举高中进士，在朝中崭露了头角。翌年，也就是公元 1164 年，他被朝廷授予了都昌主簿的官职，被派往南康府都昌县赴任。

可是，令人万万没有想到的是，王阮的《都昌沿檄黟歙遇春》这首诗，却是他在临安挂冠回家途中，途经安徽歙县巧遇立春之日时，似觉浑身轻松，大有逃离樊笼，得以解脱的感觉，便掩饰不住内心的喜悦而随意，率性吟诵出来的。

这首诗的题目是"都昌沿檄黟歙遇春"，意思是说，我身上带着朝廷任命我为奉祠官、要我离朝休养的文书，我便正好借机辞官不做，回归故里。没想到一路之上，来到了黟歙之地，竟然遇上了立春这么一件大事，令我大有感慨。王阮走在路上想啊想啊，他想到自己初入仕途时，一朝功名在手，不禁踌躇满志，信心满满，想一展宏图之志。没想到，到最后自己为保住气节，不为功名利禄、荣华富贵所动，而得罪了当朝的权贵，竟被佞臣所害，无奈辞官归故里。如今他前途已惘，心下亦甚凄凉，不由感从中来，悲愤之情汹涌澎湃，便借诗以抒怀。

整首诗的意思是这样的：多少年来，年华易逝，时光荏苒，我已经不觉在外漂泊很多年了。今天在立春之时，闻得春雷震天，山间的溪水潺潺，山风吹来，似乎闻到了花香的味道。想想自己这些年来，一直穷于那些官场上的应酬，于家、于国没带来一点儿益处，反倒白白地浪费了几十年的大好时光。如今我一身轻松，没有了束缚，就像那天上的白云，自由自在，了无牵挂，终于可以静下心来做自己愿意做的事了。我现在最大的心愿就是回到家乡去，那里才是我的归宿。今天，我已经来到了黟歙之地，很快就会赶到下一个驿站去，下一个驿站就是邻近我家乡德安县的都昌县了。

王阮初入仕途，在都昌主簿任上，就因政廉而闻名于朝野，不久，便被朝廷调永州府学当教授。在永州教书期间，王阮献千言书给皇帝，请求朝廷罢免吴、楚两地的牧马之政，要求积马于蜀茶马司，以省往来纲驿之费、岁时分牧之资。他的建言得到了皇帝的首肯和朝廷的重视，于是，在绍熙中期，改任濠州知府。他在濠州知府任上，又大胆请求朝廷恢复曹玮方田、种世衡射法，每日与官兵讲述守备之道，与边民官兵讨论守境事宜。最终，因为有王阮在濠州御守，才使得金兵不敢南侵，保得边境平安。王阮濠州任后，旋即改任抚州知府。

韩侂胄宿闻阮名，特命入奏，将诱以美官，夜遣密客诣阮。阮不答，私谓所亲曰："吾闻公卿择士，士亦择公卿。刘歆、柳宗元失身匪人，为万世笑。今政自韩氏出，吾肯出其门哉?"陛对毕，拂衣出关。侂胄闻之大怒，批旨予祠。阮于是归隐庐山，尽弃人间事，从容觞咏而已。朱熹尝惜其才气术略过人，而留滞不偶云。

我们可以从"吾闻公卿择士，士亦择公卿。刘歆、柳宗元失身匪人，为万世笑。今政自韩氏出，吾肯出其门哉"这句话中看出王阮刚正不阿的秉性和凛然不可侵犯的气节，充分展现了鄱阳湖人的独有豪迈与坦荡襟怀。

纵观王阮其人，我们不难看出，在王阮的人生道路上，都昌并不仅仅是他人生走向辉煌的第一站，也是他仕途没落、终结，退而转为专肆著述，书写他第二人生的开始。所以，都昌在他满是创伤的心灵上留下了刻骨铭心的记忆，这才导致在他诗作中，最后一句这样吟道：一片直都昌。在他愤愤不平的内心深处，对当朝感到无望与绝望，因此他不由自主、默然地在情感的归宿上，将都昌当作了自己的故乡。

王阮与都昌，聚散不迷惘。一片白云下，痴情归故乡。

朱熹与都昌

余星初

都昌，乃“周朱过化之地”。周敦颐，濂溪先生，北宋理学鼻祖，晚年讲学于南康军，有时来都昌驻足，是情理中事；淳熙六年(1179)，朱熹知南康军，在任三年，下辖星子(今庐山市)、都昌、建昌(今永修、安义)三县。他常来都昌体察民情、检查指导，更是情理中事。本文就朱熹知南康军期间，对都昌的重视，对人民疾苦的关心，对都昌文化教育所形成的巨大影响，做一些阐述，以求教于县内外学者、方家。

朱熹(1130—1200)，于建炎四年(1130)出生，从孩提时代到求学、入仕、讲学，他的一生是在南宋前期度过的。当时金人占领大半个中国，中原板荡，南宋统治者偏安一隅，奸佞弄权，朝政日非，国势衰微。朱熹生活在这样的时代，少年“颖悟庄重”“厉志圣贤之学”，使自己成为“宋代理学集大成者”，成为旷世理学大师。他对宋代中兴、刷新朝政，有深刻的研究、建议和主张。隆兴元年(1163)，孝宗即位，颁诏广征“直言”，朱熹即上封言事，其略曰：“圣躬虽未有阙失，而帝王之学不可以不熟讲；朝政虽未有阙遗，而修攘之计不可以不早定；利害休戚虽不可遍以疏举，然本原之地不可以不加意。”他特别指出孝宗的不足，说“陛下毓德之初(做太子期间)，亲御简策，不过讽诵文辞，吟咏情性”而已。及至快登大宝，“比年以来，欲求大道之要，又颇留意于老子释氏之书”。他特别强调：“记诵辞藻，非所以探渊源而出治道；虚无寂灭，非所以贯本末而立大中。帝王之学必先格物致知，以极夫事物之变，使义理所存，纤悉毕照，则自然意诚心正，而可以应天下之务。”朱熹积极主张抗金，反对议和，他坦然进言：“今日之计不过修政事，攘夷狄。然计不时定者，讲和之说疑之也。金虏于我有不共戴天之仇，则不可和也，义理明矣……以臣策之，所谓和者，有百害而无一利，何苦而必为之？愿畴咨大臣，总揽群策，鉴失之之由，求应之之术，断以义理之公，参以利害之实，闭关绝约，任贤使能，立纲纪，厉风俗，使吾修政事攘夷狄之外，孑然无一毫可恃，以为迁延中已之资，而不敢怀顷刻自安之意。然后将相军民，无不晓然知陛下之志，更相激厉，以图事功。数年之外，志定气饱，国富兵强，视吾力之强弱，观彼衅之浅深，徐起而图之，中原故地，不为吾有而将焉往？”朱熹的建言，铿锵有力，掷地有声。可惜的是，南宋统治者们只图苟延残喘，不思励精图治，朱熹的建言，也同陆游的抱负一样：“可怜万里平戎志，尽付萧萧暮雨中。”建言始终没有被采纳，朱熹也始终未得到重用。但是，朱熹没有因为“道不行，乘桴浮于海”，他虽对仕途不感兴趣，但寄希望于教育，寄希望于对人才的培养。每次朝廷命他为官，他都推辞再三。他在朝廷为官一任，仅四十天时间，在地方为官五任，累计九年时间，其余时间均致力于书院教育和学术研究。他知南康军，修复了白鹿洞书院；知潭州，修复了岳麓书院；创建了著名的考亭书院、武夷书院、紫阳书院、晦庵书院、建安书院等。他的弟子数以千计，其中号称高足、有姓名可查者达五百余人，为汉代以来学者门人之最。

朱熹，这样一位杰出的历史人物，居然同都昌结缘，使都昌增色。

在四川教育出版社编辑出版的《朱熹集》和同治版《都昌县志》中，朱熹写的同都昌有关的奏折、劄子、书信、诗等就有 28 篇之多。从这些篇章中，我们可以看出朱熹在短短三年知南康军任内对都昌的重视、对都昌人民疾苦的关心、对都昌学子的培养，所付出和花费的心血是何等的惊人！

朱子认为：“天下之大务莫大于恤民，恤民之本，又在人君正心术以立纪纲。”他强调国家治理好坏在于一国之君，同时又认为“四海利病，系斯民之休戚；斯民休戚，系守令之贤否”，即地方治理好坏在于地方长官。所以，朱熹初至南康军，“恳恻爱民如己隐忧，兴利除害惟恐不及”。他看见“郡滨大江，舟舣岸者遇大风辄沦溺”，于是“募饥民筑堤捍舟，民脱于饥，舟患亦息”。朱子“视民如伤，至奸豪侵扰细民、挠法害政者，惩之不少贷，由是豪强敛戢，里闾安靖”。朱子治理南康军，首先为人民创造了一个安居乐业的环境，进而在文化教育上下功夫。他“数诣郡学，引进士子，与之讲论。访白鹿洞书院遗址，奏复其旧。又奏乞赐书院敕额及高宗御书石经版本、九经注疏等书者至再”。每当政事稍暇，他就亲临白鹿洞讲学，“诸生质疑问难，诲诱不倦。退则相与徜徉泉石间，竟日乃返”。他又遍访星子“栗里陶靖节之居，西涧刘屯田之墓，孝子熊仁赡之闾，旌显之，犹以不得悉行其志为恨”。朱子初到地方为官，清廉为政，本末兼治，重农桑，抑豪强，薄赋税，救灾荒，兴教化，办书院，使南康军全域大治。

都昌是南康军治下之大县，朱子对都昌也就特别关心和重视。

朱子为政，不唯上，不唯书，立足于维护人民群众的根本利益，坚持从实际出发。如在《论都昌创寨劄子》一文中，他纠正了上司要在都昌增设五处兵寨的错误做法。事情是这样的：“淳熙四年(1177)，因有散亡穷寇三人匿迹舟中，经由县步，初未尝敢上岸作过，却被尉司弓级缉捉惊赶，即时窜逸。”这件事被夸大渲染：“是时偶有饶州职官沿檄到县，中路得于传闻，意谓本县已被焚劫，遂张皇其事，妄申宪司。”这位“宪司”就是朝廷钦差大臣。他竟一时凭信，“奏称都昌县接连淮南，而南康管内都无一兵，乞创此寨”，要在都昌境内鄱阳湖上五个小岛——棠荫、松门、四望、楮溪、大孤山增设兵寨。这笔开支不小：“一岁所费为米一千八百石，钱五百余贯，绢五百匹，绵一千五百两，使州县何所从出?”朱子写道：都昌“县郭去处，正在五寨之间，又有尉司弓级，额管七十五人……在隆兴(南昌)、饶、江三州，星子、建昌两县之间，即与淮南州郡并无连接去处”，而且“百十年来，除李成大盗横流之后，不闻曾有盗贼直犯县邑”。他嘲笑：“以天子使者持斧逐捕之威，而为穷寇三人惊骇扰乱至于如此，固已可笑。”于是朱子斩钉截铁：“自今观之，利害得失昭然可见，人无愚智，莫不知之。故本军昨来辄具申陈，乞行废罢。今幸朝廷行下使司相度，窃计必蒙洞照底里，力赐主张，使邑屋无侵扰之虞，州郡免供亿之费，遂除一方永久之害。”

为了都昌木炭纳税一事，交木炭？折钱？纳绢？朱子曾四上劄子，论木炭钱利害，实在令朱子伤透了脑筋。“都昌民户逐年长养园林，采柴烧炭，每斤值钱五文至六文止”，“都昌人户夏税钱内一项科折木炭，自来只用本色备船装载，赴监送纳”，自绍兴二十四年(1154)起，改每秤(即每石)，折纳价钱二百六十文省(税率约占46%)，交钱比交木炭多出一倍以上。所以都昌“民力重困，多挂欠籍，追逮督迫，几不聊生”。于是朱子一上《论木炭钱利害劄子》，“乞依祖来旧例，备本色自雇船装载，赴监送纳，获钞销注，诚为便利”。

一上劄子未获准许，于是朱子再上《论木炭钱利害劄子》，陈述“本军地狭民贫，税额偏重，……农桑之家有木无钱，送纳累年，委实困弊”。他希望“台慈仰体圣朝勤恤民隐之意，特赐详酌，许依所乞送纳本色（交木炭）"，那他就将感到万分荣幸。

二上劄子获准："许赐行下究实都昌木炭价钱利害，特与蠲减。"朱子兴奋不已："仰见仁人君子所以爱民之实，不为苟悦于一时，而所以为之计虑深远如此，感幸叹息，无以为喻。"考虑到"木炭本以税绢纽计，纳本色比之纳绢，所费已增一倍之数。拆纳价钱比之纳绢，所费又增三倍之数，反复纽折，至于数倍，上违法意，下损民力"，于是朱子三上《论木炭钱利害劄子》，四上《乞听从民便送纳钱绢劄子》。因为绢价涨跌浮动，朱子"窃伏思之，复有一说，上可以推广台慈矜恤之惠，而下不至于多失有司经常之入，敢预言之，以俟采择"。他要求上级照准："乞许从民便，则价贵处人自纳钱，价贱处人自纳绢，两不相妨，各得其便。"他为民请命，深得炭农拥护。

朱子身为南康军之最高行政长官，为一个县的木炭纳税一事，竟四上劄子，可见朱子是何等的重视减轻民负，何等的认真负责。他坚持从实际出发，坚持方便群众、按群众的意愿办事。

朱子对都昌的历史文化倍加重视。他曾上书《乞加封陶桓公状》，文曰：据都昌县税户董翌等状，"伏睹本军榜示询访先贤事迹，数中一项：晋侍中、太尉长沙陶桓公，兴建义旗，康复帝室，勤劳忠顺，以没其身。谨按图经，公始家鄱阳，后徙寻阳，见有遗迹在本军都昌县界，及有庙貌在本军城内及都昌县，水旱祷禳，皆有感应……且翌等系都昌县居民，县境之南北有陶桓公庙二所，其神聪明正直，阴有所助。庙貌建立年代深远，逐时居民商旅祈祷，无不感应……今来翌等，不敢没其实，陈乞详酌，具录陶桓公灵应事迹，保明奏闻，乞加封号"云云。朱子曾发榜文，遍访三县先贤事迹，在星子曾访栗里陶靖节之居，在都昌发现陶靖节曾祖父陶侃故里遗址，自然引起重视："本军所据前项状述，寻行下都昌县，勘会得董翌等所陈委是著实，保明申军。"

朱子通过考察证实，陶侃是都昌人。陶侃生于公元 259 年，殁于公元 334 年，享年 75 岁。《晋书·陶侃传》称公"始家鄱阳，后徙寻阳"。而《都昌县志》"沿革"条载：永兴元年，即公元 304 年，此前都昌属鄱阳郡管辖，这年开始属寻阳郡管辖。当时陶侃年四十五岁，都昌时称鄡阳县，从鄱阳郡划归寻阳郡。

陶侃的行实，引起朱子高度重视，他引江南刘羲仲赞曰："晋太尉陶桓公侃有大功于晋，读其书，凛乎若见其唱义于武昌，破石头，斩苏峻，何其壮也！东坡苏公尝为予言，桓公忠义之节横秋霜而贯白日，晋史书折翼事，岂有是乎？……至其书梅陶，称机神明鉴似魏武，忠顺勤劳似孔明，岂不信哉？……桓公没（殁），距今几千年，所在庙祀之。都昌县南北庙为尤盛，庙屡废而屡兴，由其有功德于斯民者厚也。"朱子非常重视陶侃文化，重视陶侃庙貌的修复，在文后写道："本军今检准乾道重修令，诸道释神祠祈祷灵应，宜加官爵封号庙额者，州县实事状申转运司，本司验实保明。及详本县缴到文字，所以发明公之心迹，尤为明白，有补名教，理宜褒显。而公位登三事，爵冠五等，当时所以品节尊名者，亦已称其行事之实。今据士民陈请在前，欲乞朝廷详酌，采其行事，特赐庙额，以表忠义。"从此，南庙、北庙得以修复重光。历代都昌人为了纪念先贤陶侃，建了不少陶公祠、陶公庙，现在所知有四十三处之多，而以县城的南庙和七角乡的北庙最享盛名。都昌还有陶母墓、陶侯钓矶等遗址。陶侃故事，陶侃精神在都昌人的口碑中代代相传，长盛不衰。

最令都昌人感铭的是，朱子对都昌学子的培养、教育、栽培，使不少就读白鹿洞书院的都昌青年成为有用之才。朱子重修白鹿洞书院，引得都昌青年趋之若鹜，他们纷纷慕名求学白鹿，求学朱子之门。最令都昌人引以为荣的，是都昌的"朱门四友"——黄灏、彭蠡、冯椅、曹彦约，这四人都入选《江西历代人物辞典》。他们既是朱子的学生、门人，又是朱子的至交。他们没有辜负朱子的栽培，他们的学业和事业各有成就：

黄灏，字商伯，号西坡。朱子知南康军时，执弟子礼，质疑问难，相交甚契。他敢说敢干，光宗召对，以大德刚健、绝声色嗜好之惑进言；知常州任内，见饿殍遍野，有旨停交夏税，不待报行并停秋苗，受到弹劾。朱子殁，正值"伪学"之禁大开，朱门弟子多有回避者，黄灏不为所动，不远千里单车就道哭泣奔丧。黄灏卒谥文懿，著有《西坡集》。

彭蠡，字师范，号梅坡。朱子知南康军时，彭蠡慕名从游。朱子重建白鹿洞书院后，他出任书院经谕，讲论"四书"、《西铭》诸书，还为朱子难疑问答，辨析甚精。后以积学名世，筑室梅坡，辟馆授徒，江淮学者宗之，称他"梅坡先生"。

晚年立精舍于石潭,名盛一时,朱熹生前称他为"吾友彭师范胜士"。其兄彭寻,其子彭方,同学于朱子之门,同祀于白鹿洞朱子祠内,均以文行、政绩为乡里推崇,人称"都昌三彭"。

冯椅,字仪之,一字奇之,号厚斋,受业于朱子。冯椅南宋绍熙四年(1193)中进士,授德兴县尉,官至江西运干,死后追赠尚书。他一生勤于著述,有《太极图》《孟子图》《孝经辑注》《厚斋易学》《尚书辑说》《诗辑说》《论语辑说》《西铭辑说》《丧礼小学》《孔子弟子传》《冯氏诗文志录》等200余卷。其子冯去非是江西婉约派诗人。

曹彦约,字简甫,号昌谷。他天资颖异,"初事朱子于白鹿洞书院,复见于岳麓书院"。曹彦约与兄曹彦纯同为朱子门生。进士及第后,他任建平(安徽郎溪)县尉,累迁知汉阳军,官至礼部侍郎、兵部侍郎、兵部尚书、文华阁大学士等。曹彦约平生以建立军功为务,曾率军民昼夜奋战,击败金兵对安陆(属湖北)的围攻;知利州(四川广元)时,关外缺粮,曾减价遣粜,勤分免役,通商蠲税,民赖以安。朱子道统继承人、女婿黄榦称他为豪杰之士。时人评:朱子门人中,论道统,以黄榦为第一;论经济人略,以曹彦约为第一。曹彦约有史学著作《经幄管见》四卷、文学著作《昌谷集》二十二卷,均收入《四库全书》。

朱子与都昌四位高足成为挚友。在朱子知南康军两年任期内,他们过从甚密,经常质疑问难,切磋学问,志同道合。在朱子任期届满离开南康军以后,他们鸿雁传书,心心相印,交情愈笃。朱子一生致力于书院教育,讲学育人,淡泊名利,无意仕途。他在《彭蠡》诗中写道:"衣冠今日龙山路,庙下沽酒山前住。老矣安能学佽飞,买田欲弃江湖去。"他在《答黄商伯》中流露:"年来衰病,支离日甚,今无他望,但愿残年饱吃饭耳。往年游豫章,每至东湖之上,未尝不慨然有怀陈仲举、徐孺子之高风。"他在将要离任的前夕,致函黄商伯:"某代者已到,二十七日定交郡事,即略转山北,迤逦东归矣。脱此攀笼,欣快无量。但念相见未有近期,不能无怆恨耳!"由此可见,他们的感情非同一般。在《答冯奇之》中,朱子说:"某衰晚疾病,待尽朝夕,无足言者。细读来示,备详别后进学不倦之意。"他教导:"世间万事须臾变灭,不足置胸中,惟有致知、力行、修身、俟死为究竟法耳。"朱子要求自己,也要求自己的学生,毕生以致知—力行—修身为规范,鞠躬尽瘁,死而后已。

朱子对就读白鹿洞书院的学生循循善诱,对社会上求教于他的青年也是诲人不倦。在《朱熹集》中,发现两篇《答都昌县学诸生》,可见都昌各地在校学生,慕朱子之名,不少人向朱子写信,质疑问难。朱子就“温故而知新,可以为师矣”“贫而无谄,富而无骄”“行有余力则以学文”“巧言令色”“父母唯其疾之忧”“父在观其志,父没观其行,三年无改于父之道,可谓孝矣”“先行其言而后从之”“攻乎异端,斯害也已”“观过斯知仁矣”“射不主皮,为力不同科”“古者言之不出,耻躬之不逮也”“吾道一以贯之”“君子哉若人”“贤哉回也”“季文子三思而后行”“十室之域,必有忠信”“知之者不如好之者,好之者不如乐之者”“樊迟问知”“述而不作”等向学生们提问,学生们不甚理解,或者有不同的理解,见仁见智,争论不已。于是,他们纷纷投书求教于朱子,朱子通过《答都昌县学诸生》,一一给予回答,每一个问题都有新的见解,使都昌诸生受到启迪。如谈到“温故而知新”时,朱子解释了程颐的观点,认为“温故则不废,知新则日益,斯可言师”,所以温故和知新是两回事。谈到“三年无改于父之道”,朱子认为:“有君子之道,有小人之道。三年无改于父所行君子之道可也,若其所行小人之道,亦三年无改乎?”经过朱子指点,白鹿洞门外的学生也获益匪浅。

在白鹿洞书院的影响下,都昌的朱子门人、门人后裔、再传弟子,纷纷在都昌兴办书院,使都昌书院从无到有,发展壮大,把都昌的教育推向新的阶段。嘉熙年间,朱子门人彭方在清化乡(今春桥)创办宝林书院,延师授徒,他著有《强斋集》和《经华续业》三十卷;朱熹再传弟子冯去非(去非受业乃父冯椅,椅为朱熹门人、挚友)在县治东门冯家巷创办去非书院;淳熙年间,朱熹三传弟子陈大猷(大猷受业于饶鲁,饶鲁受业于朱子传人黄榦),于县治北磨旗墩创办东斋书院,陈大猷和他的老师饶鲁共同讲学于此,陈著有《尚书集传》行世;祥兴年间,朱熹四代弟子、著名教育家陈澔(澔受业其父陈大猷),于西山麓创办云住书院,陈澔潜心研究《礼记》,著有《礼记集说》闻名天下;元泰定年间,县城建有汇东书院,明天启元年(1621)更名“南山书院”,书院屡废屡兴,成为元、明、清都昌县教育中心,有“周朱道学赖以昌,纲常名教赖以振”之誉,一直到清末停办;明弘治年间,后人在云住书院旧址,仿陈澔别名,建经归书院,学子云集,一直延续至清代咸丰年间,遭兵燹被毁。全县私塾教育在书院影响下蓬勃发展,在都昌形成了私塾(初级)—都昌书院(中级)—白鹿洞书院(高级)即基础教育和中高级教育梯形模式,当然也有个别出类拔萃者被选送京城入太学,受到重点培养(如江万里)。

朱子精神,白鹿学风,惠及当代,影响久远。朱子之后,都昌文风长盛不衰,以文章节义著称,代有贤能:朱门四友,事业学业各有成就,名重一时;宋末,朱熹再传弟子江万里求学白鹿,他知吉州期间,仿白鹿创白鹭,通过白鹭洲书院培养了文天祥、刘辰翁、邓光荐等一批栋梁之材,成为继欧阳修之后,第二个庐陵文化高峰期的倡议者和领导者,他官拜左丞相,矢志报国,以身殉国,成为伟大的抗元英雄;明代有白鹿洞生余濂、余应桂,铁骨铮铮,"光争龙比",视死如归,浩气长存,成为一代忠烈;清代有白鹿洞生曹履泰考中榜眼,爱国名将丁日昌受到他的提携和举荐;近代著名教育家杨士京(新中国首任江西省省长邵式平受业其门),也是白鹿洞书院晚期学生。白鹿学风永远激励都昌莘莘学子,朱子永远活在都昌人民心中。

文天祥论江万里

刘文源

江万里是南宋的一位爱国丞相，又是一位著名的教育家。他做过池州教授，还创办了白鹭洲书院、宗濂书院，为国家培育了许多优秀的人才。著名的状元宰相、忠臣烈士、爱国诗人文天祥，就是他的一位高足。现存的《文山先生全集》，收有文天祥写给江万里的书、启十八篇和诗两首，彰显出了他们之间深厚的师生情谊。

从年龄上来看，文天祥比江万里小三十九岁，只能算孙执辈，他在《通潭州安抚大使江丞相》书中，就是这样自称的："某在门墙诸孙辈行中，而所以蒙钧天造就，知爱绸缪，独出乎诸生之右。"但文天祥不像一般的再传弟子，他有幸亲自登上江万里的门庭，出入江万里的门下，亲聆江万里的教诲。正如他给江万里的一封信中所说："某半生出门下，幸甚。"也许是这个原因，所以文天祥在大多数场合就直接称江万里为"大丞相古心老师"，而自称为"门人"。

学生是最了解先生的。作为学生，文天祥是怎样认识和评价他的老师江万里的呢？

首先，使文天祥感受最深的，是"先生度越常情，嘉惠后学"，关怀和培养下一代，为优秀人才的出现创造一个良好的环境。

我们知道，人才问题历来是国家、民族所关注的大事。有远见的政治家，大都重视教育，注意人才的培养、选拔与使用。文天祥认为，江万里在用人方面的最大优点是"以君子不用为我耻，以小人未退为己忧"。只要发现优秀人才，他就千方百计地加以搜罗，并及时向朝廷推荐，使有才之士能脱颖而出，为国家所用。嘉熙四年(1240)吉州解试，欧阳守道贡于乡，当时江万里刚好来到吉州，就慧眼识出了这位自学成才的年轻人。第二年他创办白鹭洲书院，就特地把在赣州任司户的欧阳守道请回吉州，为白鹭洲书院诸生讲学。欧阳守道执掌教事以后，作为太守的江万里，还亲自听了他的讲课。课讲得非常好，江万里赞扬说："岂直诸生无出其右，予固已逊之矣！"果然，欧阳守道以他那高尚的师德、渊博的学识、生动的教学方法和卓越的组织管理才能,把白鹭洲书院办成了江西乃至全国的第一流学校,培养出了文天祥、刘辰翁、邓光荐等一大批杰出的人才。后来江万里入京为国子监祭酒,还特地向朝廷推荐欧阳守道为史馆检阅,因而使得守道得以召试馆职,授秘书省正字,累官景献府教授、崇政殿说书,迁著作郎。每讲官缺,江万里更是怀念欧阳守道,并充满深情地赞叹着:“欧阳守道老儒,真讲官也。”

但是,在封建专制社会里,正直之士步入仕途谈何容易。作为一位政治家,江万里看到了现实生活中忠直与奸邪、“君子”与“小人”的严重对立。对于那些遭受权贵压制、排挤和打击的“君子”,只要有可能,他就尽力给予扶持,使之不被扼杀,而能为国家出力。景定三年(1262),刘辰翁在廷试策中,因言“济邸无后可恸,忠良戕害可伤,风节不竞可撼”,大忤贾似道意,而被置于丙等。刘辰翁只好以亲老为由,请就赣州濂溪书院山长。当时江万里正在朝廷任职,亟称赏其文,向朝廷推荐他宜史馆,因而被授予临安教授。后来江万里出知太平州兼江东转运使,又辟刘辰翁为江东漕幕。文天祥遭到贾似道集团的排斥和打击,接连几次被罢官,而隐居在庐陵家乡文山。江万里知道后,对这位白鹭洲书院高才生的遭遇深表同情。要知道,早在宝祐四年(1256),他就为文天祥那种“法天不息”的改革进取精神所感动,预料他将来一定能为国家做一番大事业。那时他还应文天祥之请,为其父革斋先生写了一篇墓志铭,给后世留下了一篇研究文天祥家世的最可宝贵的文献资料。现在国家不断遭到强敌的侵略,有志之士不能施展才能而隐居山林,这怎能使江万里的心平静?咸淳五年(1269)三月,江万里当上了左丞相兼枢密使,与右丞相马廷鸾共柄国政,立即起用文天祥知宁国府。紧接着,他又利用自己在朝廷中的地位和声望,把文天祥调来京城掌管军器监,后任崇政殿说书、直学士院、玉牒所检讨官等职,以加强正直之臣在朝廷的势力。晚年,他更是把挽救国家命运、复兴宋室的希望,寄托在文天祥身上。他对文天祥说:“吾老矣,观天时人事当有变。吾阅人多矣,世道之责,其在君乎?君其勉之!”文天祥铭记老师的教诲,以天下兴亡为己任,毁家纾难,舍身为国,为抗元事业尽职、尽力、尽忠到底。

庐陵人杰地灵,历史上出现过“四忠一节”。江万里曾知吉州,对那里的民风士气非常了解。后来他为京官,仍挂念着庐陵。只要见到庐陵人,他就要问:

“庐陵曾得士否?”据文天祥回忆:“庐陵之士,凡来谒(古心)先生者,未尝不深念其姓名。”刘辰翁更是明确指出:“先生闲居,其志念在国家,其精神在庐陵。”江万里“常叹平生士气之乐,惟鹭洲一事”。是啊,创办白鹭洲书院的日日夜夜,怎能使江万里忘怀?他关心后学,进用君子,与权贵做斗争,表现了一个爱国者的高度历史责任感。

南宋末年,皇帝怠于政事,奸臣专恣弄权,忠直人士遭到迫害打击,纲纪坏到不可收拾的地步。但人心思治,盼望忠臣、直臣上台,救国家于危亡之秋。在这种情况下,江万里于景定二年(1261)八月,被朝廷任命为签书枢密院事。当时“大夫士庶民,皆欣欣然相告”,为“君子终为大用,莫不举手加额”。文天祥在家乡听到这个消息,也“为之舞之蹈之,中夜以思,不能成寐”,于是立即提笔写信向老师祝贺:“今先生早以言语妙天下,中以政事动中朝,后以气概风度上结人主之知,而下为四海所倾慕,则先生都范(仲淹)、(司)马(光)之望于一身。”文天祥认为,“方今西有叛将,东有逆离,而江淮与强敌为邻,强兵富财之道无所于讲”。在这“抢攘忧危之间”,先生以“硕德重名”,“镇服危疑,收拾涣散”,“从容于庙朝,讦谟于帷幄”,以“国久安长治之策”,“活百姓遂在旦夕”。为此,他对江万里寄予了极大希望:“先生之一身,其关系于方来之世道,诚重且大。”文天祥认为江万里是“为天下国家计者”,“将范、马不及为之事”而为之,以“得救民之望”,为南宋朝廷建立新的功业。

江万里入枢密,对于爱国人士和主战派,无疑是一个鼓舞;而对于主和派、投降派,自然也是一个牵制和打击。故贾似道集团把他视为眼中钉、肉中刺,想方设法排挤他,使他离京去做地方官,免得他在朝廷碍手脚。但江万里的高风亮节是世人皆知的,他在枢密院的工作是卓有成效的。文天祥赞颂他:“胸中括石渠、东观之藏,海内仰天球、河图之瑞。眷惟世道,深历我公。整顿乾坤,共屹江流之柱;献纳日月,入旋斗极之枢。非徒耀不世之功名,将有意太平之礼乐。”

中国历史上的忠臣,大都有这样一个共同的特点:性峭直,遇事敢言,不怕丢乌纱帽。景定五年(1264)十月,理宗驾崩,太子赵禥即位,是为度宗。度宗以贾似道有拥立之功,对他尊崇备至。贾似道每次上朝,度宗必亲自答礼,称之为“师相”,而不呼其名。朝中大臣,跟着阿谀奉承,把贾似道誉为周公。贾似道更是以退为进,料理完理宗丧事后,就假装要辞职,暗中则指令吕文德谎报蒙古兵进攻下沱(今湖北省枝江市东南)甚急。朝中为之大骇,弄得度宗不知所措,只好与太后共降手谕请贾似道复出,这样贾似道才摆着架子回朝。第二年,贾似道故技重演,又以去职来要挟昏庸无能的度宗皇帝。度宗不知是计,吓得六神无主,苦苦哀求贾似道不要走,甚至泪流满面要向贾下跪。当时江万里在朝廷任参知政事,对此闹剧实在看不下去,于是站出来掖住度宗的臂膀,正言道:“自古无此君臣礼,陛下不可拜,似道不可复言去。”这样一来,贾似道的“戏”就演不下去了,不得不举笏向江万里道谢。当然,贾似道对江万里也就更加忌恨,江万里也因为这件事而被罢官。忠臣的又一个特点,那就是既爱国,又爱民。正因为如此,所以他们为官比较清廉,能体恤人民的疾苦。江万里是南宋理宗、度宗朝的大臣,任过中央和地方的各种要职,位高权重,但从不仗势欺人,而是兢兢业业、廉洁自守,丝毫没有沾染当时官场的那种腐败习气。史载他由吉州太守改任江西漕运使,途经临江(今江西樟树市)时,曾写过一首《舟中遇风》诗,很能说明他的为官态度。诗云:“万里为官彻底清,舟中行止甚分明。如今若有亏心事,一任碧波深处沉。”正是这种为官态度,使他两袖清风,一身正气,做到“平生不受半文钱”“富贵外物总休论”。他历官九十一任,所到之处,劝农桑,办学校,济时艰,务教化,做到“官民相近”“乐在田家欢笑中”,真是为官一任,造福一方。像这样的官,在封建社会是不多见的。文天祥了解自己的老师,所以对于江万里这种廉洁作风和爱民品质极为钦佩。他在给江万里的一封信中说:“先生进而庙堂,退而江湖,德于其人,如出一日,传所谓生死肉骨之情也。”文天祥还颂扬江万里的“盛德大业,如山如河”。

江万里七十二岁的时候,就任左丞相兼枢密使。他虽然年高,但壮心不已,打算和右丞相马廷鸾一道,刷新政治,起用能人,增师襄、樊,推进当时全国人民所关注的抗元事业。故以文天祥为代表的爱国人士,赞扬他是一位“真宰相”。但南宋王朝这时已经彻底腐朽,度宗皇帝不过是一个傀儡,军国大权完全操纵在权奸贾似道手里。很显然,江万里关于益师援救襄阳、樊城的主张,与贾似道推行的投降主义路线大相径庭,他因而被罢官,先后出知福州、潭州等地。在地方,这位七十余岁的老人,仍念念不忘国事;即使退休隐居,也不忘抗元事业。文天祥从江万里一生的坎坷政治生涯中,看到了老师最可贵的品质:赤心为国和最可贵的性格:不屈不挠。所以他在一封给老师的贺信中,对江万里的人品做出了非常高的评价："尚论公之平生，有报国之大节。"

的确，赤心为国，这就是江万里的全部人生信念。过去，为了报答国家的养育之恩，他奋斗了一辈子，做了种种努力。现在，国运已不可挽救，他将以身殉节，来表明自己对祖国的忠诚。襄阳、樊城沦陷之后，江万里便在饶州（今江西鄱阳县）自己府第中的芝山后圃，凿了一口池塘，题曰"止水"。当时人们都不理解他的用意。等到江上警报一到，江万里即拉着门人陈伟器的手说："大势不可支，余虽不在位，当与国为存亡。"元兵陷饶州城，他于是从容赴止水殉国。时为德祐元年农历二月二十一日（公元1275年3月19日）。儿子江镐和手下人，也都相继投池自尽；其弟江万顷，则被元兵残酷地肢解而死。真是满门忠烈！文天祥听到老师以身殉国的消息，悲痛不已，曾集杜诗哀之。诗云："星坼台衡地（《奉送苏州李二十五长史丈之任》），斯文去矣休（《奉送王信州崟北归》）。湖光与天远（《过洞庭湖》），屈注沧江流（《奉同郭给事汤东灵湫作》）。"

应当指出，江万里不仅是一位杰出的爱国者，而且是一位著作大家。早在太学，他就有文声；中年以后，议论风采更是名噪一时。当时向他求文的人很多，都以得到他的美文为荣。文天祥读了刘辰翁出示的江万里为其母亲写的墓志铭，"惊怆靡已"。他深有感触地对刘辰翁说："古心先生藻发清言，垂光罔极。慈灵有知，含笑地下。若此，可以无愧人子矣。"

一篇文章，表面看来是文字的组合，实际上是作者的思想与人格的体现。正如德国诗人歌德所说：在艺术和诗里，人格就是一切。人品好，文品才会高。品格低下的人，绝不可能写出具有高尚思想的作品。所以古人特别强调："诗人不可无品，至大节所在，更不能亏。"正是从这个意义上，文天祥论述了江万里的言与行、人品与文品的关系，赞颂江万里"文章若雷霆河汉，玉色金声；言行质天地鬼神，丹心白发"。其道德文章，堪称一代宗师。

中国有一名俗话：名师出高徒。作为江万里的弟子，文天祥的成长显然与江万里的影响是分不开的；而作为文天祥的老师，江万里也会因学生成为爱国英雄而含笑于地下，而增加其光彩。文天祥对江万里的一系列论述，是我们认识和评价江万里的重要依据。我们可以毫不夸张地说："江、文这对师生，就像天空中的双子星座，南北闪烁，光耀千秋，永垂青史。"

刘辰翁与江万里

胡迎建

宋元之际，江西出了个著名词人、诗评家刘辰翁，此人在中国文学史上颇有地位，有的文学史设专章介绍他。然而知道他是江万里大弟子的人并不多。他有幸得到江万里的慧眼赏识与多次有力的提携，他的行迹出处，与江万里有密不可分的关系；他的成就与江万里的知遇之恩、江万里人格精神力量的感召也是紧密联系的。

刘辰翁(1232—1297)，字会孟，因故居在须溪山下，故号须溪，庐陵(今吉安)人。他从小刻苦读书，年十三时参加过童子试，后乃游学欧阳守道之门，得守道先生器重。守道以德行学问为一郡儒宗。淳祐元年(1241)，江万里知庐陵府，创立白鹭洲书院，并延聘守道出掌书院，化育人才甚多，文天祥即出于其门下。而风气大开，则始于江万里，这也给以后来此地读书的刘辰翁以无形的熏陶。后来，在白鹭洲书院建了江文忠公祠堂，他还作了一篇祠堂记，记中说到江万里在此地创立书院并讲学的功劳："声名德业，高迈前闻，故能创鹭洲如白鹿，深衣入林，媚映前后，无不醉心名理。……先生之流风系人心，能使其没世不忘如此也。"影响一地学风如此："自古心公(万里号古心)为鹭洲，而吾乡之友达于理""自鹭洲兴而后言义理者畅……而后学者知矫其质习，存其气象。"可以说，作为一个十多岁的读书少年，江万里的名声对于他来说，就已是如雷贯耳。刘辰翁由衷地对江万里产生敬仰之情与深刻印象。

宝祐六年(1258)，刘辰翁参加太学生考试，作《严君子小人朋党之辨》，主考官甘定庵将其策文评为首选，但正言(官名)戴庆炣见此文用语暗中指斥了权贵丁大全，只同意刘辰翁以补太学生身份入太学读书。为谄事贾似道，戴庆炣竟奏甘定庵有罪，以致甘定庵被朝廷削籍安置江州。刘辰翁到了京城临安，时江万里担任国子监祭酒兼侍读，前一职务是主持太学的最高行政职位。万里见辰翁，大喜过望，极为推许其文章"特峻清"，这是两人结下终生师生之谊的开始。辰翁在太学读书期间，入江万里门下受业半年。以后他在祭文中回忆当年情景是:“门生满眼,青独在予。”太学学生众多,江万里独对刘辰翁青眼相看,足见万里慧眼识才。万里任祭酒时,写了一篇《充泉亭铭》来鼓励这位好学上进的弟子,以泉水满则溢来喻体用性情的充实周达,要求他成为一个道德修养高尚的人。铭中最后说:“勉哉刘君,着实求之。疏密生熟,历历自知。毋矜毋淫,毋怵毋怩。期于此泉,澄泓演溢。”刘辰翁受此知遇之恩,奋发努力,品学兼优,更自觉地以天下兴亡为己任。他自此跟随其师十四年,成为与文天祥并重于世的江门弟子。

景定三年(1262),刘辰翁参加进士考试,江万里非常高兴,料定他必可高中,诚如以后刘辰翁在祭文中提及的:“公闱来朝,或献宿士。公迎谓曰:此必刘子。相期第一,策及兵谋。扫除学步,摸索暗投。”但在考试中,辰翁直斥时弊,并因目睹贾似道擅权,遮蔽言路,故于廷试对策中说“济邸无后可恸,忠良戕害可伤,风节不竞可憾”,大大触忤了贾似道,幸而奏名时理宗不忍黜落而置于进士丙第。自此,刘辰翁以耿直得名,文章渐为世人所知。及任职时,本来有人推荐他到史馆就任,但他不愿在京城,要求到赣州任濂溪书院山长,以便就近奉养双亲。不过他并未到任,因为恰是景定五年(1264)时,江万里以端明殿学士知建宁府兼权福建路转运使,未几,又加资政殿学士知福州兼权福建安抚使,成为一府之地的最高军政长官。万里再三执意邀约刘辰翁入其幕府。辰翁随他到过建宁,后又到福州,留居江万里的三山馆中,或“风雨对床”,或“无约不酬”。刘辰翁之子刘将孙有记云:“古心公方锐意作士气,八郡取上章策,一一阅视。”(刘将孙《养吾斋集·魏槐庭诗序》)也就是说,江万里在福建,正努力把那里的事做好,以为日后振兴宋王朝的基础。刘辰翁不负所托,经常为他出谋划策,处理文书,得到万里的好评,说他“仙风道骨,不特文字为然”。

有一次,刘辰翁陪从江万里游九日山,很感慨地写了一首诗,诗中说:“俯城中培塿,不复辨倚栏。”寓感慨时局意。忽悟杜诗“秦山忽破碎,泾渭不可求”之句原来有讽时事微意。时彗星出现,有人认为这是蚩尤旗出现征兆。刘辰翁不由得对江万里叹息我辈竟逢如此时日,万里说:“刚才读了老杜与你的诗,确是大有深意啊。”

咸淳元年(1265),度宗即位,召江万里赴京城,任同知枢密院事。万里“以书招辰翁,奉母来京,偕参政”(《杨升庵文集·刘辰翁传》)。不久,刘辰翁也进京城，被任为临安府学教授。辰翁上书要求为甘定庵雪冤，后来朝天门悬榜，为甘定庵昭雪，众人都很高兴，并认为这是一桩奇事。其实，这与江万里在朝主政是分不开的，加上刘辰翁之胆识过人使然。

咸淳二年（1260），江万里因与贾似道不合，乞归田里，寓居饶州鄱阳县芝山。当然，刘辰翁也就被罢职回家了。次年，刘辰翁往饶州造访，请江万里为庐陵西林吴公文集作序，并去过江万里家乡。咸淳四年（1262），江万里被起用为知太平州兼提领江淮茶盐兼江东转运使，并再次辟刘辰翁为江东漕幕僚。辰翁到了安徽当涂，在那里滞留了七个月，曾游胜地白紵山。辰翁子刘将孙随侍在侧，有诗句云："去后无以歌白紵，行来何处是中原?"诗寄江万里，万里回书简称："一夜思之，此联无以加。"他还奖赏刘将孙熙明殿墨二笏。足见江万里并不以刘将孙人微年少而轻其诗作，有意奖励、培养这位英俊少年。

后来，江万里再次被宣召入朝中，任左丞相兼枢密使。万里以书信招刘入京参与政事，备掌故。又荐辰翁有学识，宜居史馆。参知政事王瀹赞同，乃入修史馆。万里尝问他："治政当以何为先?"他回答："当先选拔因异议被免职者。"于中可见刘辰翁对贾似道一贯排斥异己做法的不满，而对江万里伸张正义、扶持朝纲抱有热烈的期望。然而，朝中党争激烈，不久，江万里遭人弹劾罢左相，安排一个闲职即提举洞霄宫，宫在余杭县（今杭州市余杭区）西南。刘辰翁也待不下去了，在史馆仅四十五日，便罢职归故里。告别万里时，"修门出走，风雨对床。执手奈何，别泪浪浪"。两人遭受种种压抑，千言万语，又怎能说得尽。

德祐元年（1275）五月，即刘辰翁归家五年后，丞相陈宜中荐刘辰翁为史馆检阅，他推辞不就。其时宋朝廷已摇摇欲坠了。十月，他又被任为太学博士。因元军南下，烽烟弥漫，道路阻隔，朝廷再任他知临江军。然其时风声鹤唳，辰翁无法到职任事，隐居方山虎溪，蜗庐以居。

其时元兵破长江，围饶州，刘辰翁挚爱的师友江万里义不受辱，投止水殉难。其间消息断绝，谣传纷纷，刘辰翁对此消息也是将信将疑，加上战火弥漫，交通阻断，直至至元十七年（1280），才由万里之子江镐来告知其父已逝的详情。刘辰翁怀着万分悲痛的心情，潜行到了庐山之南的南康路治星子县（今庐山市）。时降大雪，"光雾夺目"，他渡过土目湖至都昌县，辗转至鄱阳芝山，将江万里遗骸迁葬于都昌故里石沙湾。为葬期，他还占了一卦，并撰写了墓志铭，于是哭奠于墓前，有《祭师江丞相古心先生文》节选云：

苍天苍天，夫子何罪！死何仓卒，谁敛谁襚？
体肤如何，如何血枯。我欲见公，泪洗模糊。
……
携提反覆，于建于闽。我如处女，公我父兄。
公宁少予，曰我畏友。每书渠渠，君母予母。
……
玉色金声，光风霁月。峨峨千仞，柱折维绝。
我有死母，公实葬之。我有稚子，公实奖之。
身后之盟，可质九地。挂剑心存，盖棺事异。
悠悠穹壤，渺渺八紘。公非无往，死不离城。
曰我重臣，无所逃死。生而被执，为国之耻。
亭名止水，左手携孙。白刃纷纭，哭入九泉。
人言全归，顾得死所。死而若此，尚庶无负。
……

哀痛悲切，可谓字字是血泪，句句断人肠。文中回顾了两人间的师友关系，怀念当年多次提携之恩；江万里待他情如父母，是他畏友；对他的家庭，也恩重如山。江万里每每在书信中真诚地说，你的母亲也就是我的母亲，一样地看待。辰翁的母亲去世后，江万里出钱助葬其母，鼓励他儿子刘将孙要好学上进。可以说，江万里是刘辰翁最亲密的师长。祭文中还高度赞扬了江万里的罡风劲节。万里就义前，并非不可逃走，但他以朝廷重臣身份，岂可以逃生，不走而被抓受辱，则为国耻，故只有从容选择投水而死的道路。刘辰翁最理解其师的行动出于节义，认为他无负于国家，死得其所。

刘辰翁要效法春秋时的季札，挂剑于故友徐君子墓树。他不负师恩，笃于情谊，为万里苦心料理身后事。他在都昌还作《归来庵记》，为江万里招魂，将万里比为屈原，自拟为屈子门人宋玉。他还应江镐之请，撰写《昭忠禅寺记》，此寺是万里捐资所建的。返程途中，他游了庐山，并发觉有江万里所书手迹“袁氏山窗”四个字，逐发出“徘徊瞻忽之余，如见庐山高于此”的感慨。

刘辰翁回到吉安后，誓不仕元，托身僧道以避祸，甘居淡泊以著述。他眷怀故国，椎心之痛，时萦心底。他也时常怀念往日的师友，作有《古心文山赞》："此宋二忠，如国亡何？开卷熟视，龙泉太阿……千秋遗像，涕泗滂沱……"该诗流露了他对这两位伟人（江万里、文天祥）的无比敬仰。在《鹭洲书院江文忠公祠堂记》中还提道："某事先生十有五年，日所见之犹史，独为庐陵言则言之。先生玉立如山，和气在眉睫间如柳，声含弘如量。"江万里的音容，对这位弟子来说，何可一日忘之。

刘辰翁不仅对江万里的为人与人格十分推崇，对其文学也很推崇，在《虎溪莲社堂记》中说："独诵其诗辞，百世下仿佛求一语不可得。"在《鹭洲书院江文忠公祠堂记》中则认为江万里"好士似欧公，论谏似欧公，变文体似欧公"，认为江万里改革文风的功劳可与欧阳修相比。尽管由于江万里诗文散佚得非常多，难以找到与刘辰翁文风相联系的多少痕迹，我们还是有相当理由认为，他对刘辰翁的培养教育与文章风格必定对刘辰翁产生了较大的影响。

还须说明的是，江万里两位最得意的门生，一是文天祥，一是刘辰翁，但与万里交往更多、相处时间更久的还是刘辰翁。不过，文天祥最终以勤王大义死，而刘辰翁并未加入抗元斗争行列中。有人认为文天祥是知其不可为而为之，而刘辰翁是知其不可为而不为。刘辰翁的祭江万里文中透露的讯息是："自诏勤王，予心独苦。平生师友，岁晚伊阻。"消息不通，是缘由之一，还有一个原因是祭文中提到的，在当年他与江万里同被革职时，即已表明隐居之志："逝将弃官，终老黄石。"也正如杨升庵在《刘辰翁传》中说："万里死节，辰翁驰哭之，遂托迹方外，隐遁不出。辰翁事母孝，慷慨立风节，见抑于时，而天下知名士，多钦其伉（慷）直。"

宋末政治腐败，像他这样的风节之士被压抑，必然使他产生失望情绪。然而他受万里人格影响，刚正不阿。宋亡之后，他以伯夷、渊明为榜样，发扬江万里精神，誓不出仕以全节，潜心著述，寄托亡国之痛，终于成就一代文学大家，"文章、道德为一时之冠，见重于世"。有人认为"韩欧后惟先生卓然秦汉巨笔"。无疑，这与当年江万里的教育培养也是分不开的。

元儒吴澄与都昌《先贤祠记》

张春生　余略逊

吴澄(1248—1333)字幼清,晚年改字伯清,今江西抚州崇仁人。

宋度宗咸淳六年(1270),他应乡试中选为贡生,次年就试礼部落第,便转为授徒于乡里,修草屋以居,题名曰“草庐”,因此,他被世人称为草庐先生。入元后,为了躲避兵乱,他隐居在乐安的布水谷,专门从事著述,至元二十年(1283)还居草庐。至元二十三年(1286),程巨夫奉诏到江南网罗人才,吴澄便跟随他到了大都(北京),时日不久,便即辞归故里。元贞年间,吴澄讲学于龙兴(今江西南昌),为江西行省左丞董士选所赏识,再荐于朝廷。吴澄于大德五年(1301),授应奉翰林文字,次年至京时,该职已被朝廷改授他人,遂南返还家。后来再次被任命为江西等处的儒学副提举,他不肯赴任,便在四处游学,借以拖延时日,最后只好称病辞去职务。至大元年(1308),朝廷改授他为国子监丞;至大四年,升司业。吴澄到任后实行改革,亲自执教,辨析诸家传注的得失,融会不同学派的学说,并拟定教法,分经学、行实、文艺、治事四门,扩大了教学内容。

吴澄是我国元代杰出的思想家、教育家。他与同时代的经学大师许衡齐名,世人称他们二人为“南吴北许”。吴澄晚年仍致力于著述、讲学，南北士人从学者甚多,他以其毕生的精力为元朝儒学的传播和发展做出了重要贡献。

《先贤祠记》(全名为《都昌县学先贤祠记》)这篇文章,便是吴澄在任江西儒学副提举,不愿前去赴任的那段时间里,前来南康郡游学都昌明伦堂时,在当时的都昌学馆明伦堂西厢内设的先贤祠中所写的一篇叙事文章。

明伦堂,坐落在古都昌县治右八十步处,是都昌的儒学提馆之所在。明伦堂有东、西二斋,西边的斋室里面供奉着理学大师周敦颐、朱熹二人的牌位,乡党们共镶匾曰:先贤祠。后来,大家又在明伦堂的东边新设立了梅坡公彭蠡、厚斋公冯椅、文懿公黄灏、文简公曹彦约、石梁公王时潜、御史余濂、仙居令陈学继等人的牌位。初始取名为“强斋”,由一彭姓之人忝为管理。后有冯氏族人以及古心堂主江丞相(江万里)均题赠匾曰:乡贤祠。

吴澄在文章中告诉我们,教育乃立身做人之根本,应该摆脱世俗的约束,尊师重教,用知识来灌溉和滋润人们的心田,用榜样的力量来鼓舞人。他还语重心长地告诫我们,做人,要能够坐得下来,可以坐得下来,就能做到内心平静镇定,不受外面的纷繁所干扰;还要动得起来,动起来要尽力做到在言行上不会有失于大道至理,不会有出格的行为。思考问题的时候要精微细致,实践起来要严谨有序,多读好书,博文以明辨善之要义,约理以诚信,诚身之所浮为,端正思想管理好自己的身体,用敢于担当的精神去影响身边的人。一定要在今后的学习中去求得真知灼见,而后加以积极地探索实践就行了。

他的这番话,并不仅仅是说给在场诸人听的,而是对都昌的教育寄予了一份殷切的希望。当他了解到都昌教育界的同人们齐心协力、前赴后继,致力于将学馆北面被乡民强行侵占而丢失了六十年的土地追收回来时,高兴地给予了县府及教育当局相当高的评价。他说,这是在做好教育工作本身之外,所取得的一项重要成绩。随后,他语重心长地对人们言道,今天我就借这么一件事情来说这么一番话,目的是告诉后来的人们一定要尊师重教、尊贤敬识,是万万不能胡乱侵占学校利益的。

吴澄,一个当时中国的名学大儒,能为我们都昌的教育说出以上这些蕴含深意的文字,可见,他对都昌教育的教风、学风是持赞赏态度的。他更是对都昌行政当局能够从根本上解决教育发展中存在的一些实质性的问题,进行了高度的评价。像他这样名重身显的文化学者、大家之人,都时刻记得爱贤敬老、尊师重教、自觉教化为开创未来之根本,可见,在历史的进程中,教育是多么至关紧要的一件事啊! 正是:

元有吴澄著先贤,岂论人微与位显?作记祠中寓意重,着眼教育应长远。

先贤祠记

吴　澄

秦汉而下,孔孟之传不续。历千数百年,乃得宋河南程氏两夫子,远承孟氏之绪。而道国元公周子,实开端于其先;徽国文公朱子,又集成于其后。二子当熙宁、淳熙间,俱守南康郡。

南康,偏垒也。传道二大贤,尝过化焉。都昌,南康属县也。畴昔仁风之所披拂,教雨之所沾濡,流芳遗润,百世犹未泯,社而稷之,尸而祝之也固宜。考江丞相修学碑,周、朱二子有专祠在县学,迩年废而莫举,讵非掌教非人,不以为意欤?天历己巳,教谕万钧用至,惕然大歉。白主簿黄将仕孚,转达县丞何进义、县尹李承务佥议谐协。遂营明伦堂之西翼室设二子位。扁(匾)曰:先贤祠。允为知教之本者。

乡贤旧亦无祠,若朱门四友:西坡黄氏,梅坡彭氏,厚斋冯氏,昌谷曹氏。建祠于明伦堂之东翼室,强斋彭氏深居。冯氏暨古心江丞相配扁(匾)曰:乡贤祠。

表章尊奉之余,靡不竦慕兴起,其于人心世教,岂小补哉?况圣时崇尚义理之学,二子皆从祀孔庙,学者倘不惟二子是师,循习卑陋,猥同时辈,徼近利、迷远志,则负公朝、愧先师矣。师二子宜何如也?定而无一物留于心,应而无一物乖于理。思必通微,动必审几,博文以明善,约理(礼)以诚身,敬主诸中,义制诸外,其庶乎教官率勖邑士,精熟朱子所释诸经诸传,周子所著一图一书,反求之己,而真识实践可也。

抑自古逮今,有教必有政,区区于邑校之教,幸知所务。闻明伦堂北,豪民侵疆,久不克正职典往往诱其饵而不之顾。今教官踵前官之所以行具牍于县簿,赞县尹、督府史,究竟根株,上其事于郡,卒能归六十年已失之地于黉宫,教外之政。此其一。

尔主簿孚,少从予学,请为作先贤祠记,而予因及一县治官教官之可纪者并书之,以劝方来。

朱元璋大战鄱阳湖都昌留胜迹

余星初

说起朱元璋，都昌人都会脱口而出："朱元璋大战鄱湖十八年。"这是一种夸张的说法。

大战鄱阳湖，是朱元璋建立大明王朝、决定命运的一场战役。当时，青田名士刘基刚刚投奔朱元璋，就献计道："明公据有金陵，甚得地势，但东南有张士诚，西北有陈友谅，屡为明公患。为明公计，必须扫除二寇，方可北定中原。"元璋蹙额道："这两人势颇不弱，如何可以剿灭？"问计于刘基，基答道："御敌当权缓急，用兵贵有次序，张自诚一自守虏，尚不足虑。陈友谅劫主称兵，地据上游，无日忘金陵，应先用全力，除了此害。陈氏灭，张氏势孤，一举可定。然后北向中原，定成王业，明公曾亦设此想乎？"朱元璋顿开茅塞，连称："先生妙计，很是佩服。此后行军，全仗先生指导。"此时的陈友谅，以江州为大本营，既袭得太平，急谋僭号，遣壮士椎杀其主徐寿辉，假采石五通庙为行宫，自称皇帝，国号汉，改元大义。陈友谅封邹普胜为太师，张必先为丞相，张定边为太尉，遂大集舟师，自江州直指应天（南京）。舳舻蔽空，旌旗掩日，差不多有数十里。警报飞达应天，元璋问计刘基："依先生高见，计将安出？"基答道："天道后举者胜，我以逸待劳，何患不克？"陈友谅夺取应天计划遭受重大挫折，于是图近舍远，放弃应天，指挥五六十万大兵，掉头鄱阳湖，专攻南昌城。友谅围攻八十五个日夜，未能夺得南昌。这对朱元璋来说，正是天赐良机。他经过周密计划，调兵遣将，与陈友谅拉开了鏖战鄱阳湖的架势，一战定胜负。清人谷应泰《明史纪事本末》卷三《太祖平汉》，记录了这场大战的始末，抄录如下：

（元至正）二十三年春二月，汉太尉张定边陷饶州，于光走还。夏四月，友谅忿其疆场日蹙，大作舟舰高数丈，饰以丹漆，上下三级。级置走马棚，下设板房为蔽，置橹数十其中，上下人语不相闻，橹箱皆裹以铁，自谓必胜。载其家属百官，空国而来，兵号六十万攻南昌……友谅围南昌凡八十有五日，闻太祖至，解围，东出鄱阳逆战，太祖率诸将由松门入鄱阳湖。丁亥，遇于康郎山，友谅巨舟当我师。太祖见之，谓诸将曰："彼巨舟首尾连接，不利进退，可破也。"乃命舟师为二十队，火器弓弩以次而列，戒诸将："近寇舟先发火器，次弓弩，及其舟则短兵击之。"戊子，徐达、常遇春、廖永忠等进兵薄战。达身先诸将，击败其前锋，杀千五百人，获一巨舟而还，军声大振。俞通海复乘风发火炮，焚寇舟二十余艘，杀溺死者甚众。元帅宋贵、陈兆先亦死战。徐达等搏战不已，火延及达舟，敌乘之，达扑火更战。太祖急遣舟援达，达力战，敌乃退。友谅骁将张定边奋前犯太祖舟，舟胶于沙，汉兵匝焉，程国胜剑叱之，与陈兆先大奋击。牙将韩成进曰："古人杀身以成仁，臣不敢爱其死。"乃服上冠袍，对敌自投水中。敌信之，攻少缓。宋贵、陈兆先俱战死，常遇春从傍射中定边，定边舟始却。俞通海来援，舟骤进，水涌，太祖舟遂脱。通海与廖永忠以飞舸追定边，定边走，身被百余矢，退去。会日暮，太祖鸣钲，集诸将申约束。恐张士诚乘虚入寇，命徐达回守建康。己丑，太祖复亲布阵，与友谅战。友谅悉巨舟连锁为阵，旌旗楼橹，望之如山。我舟小，仰攻多却，太祖亲麾之，不前，右师少却，立命斩阵长十余人，犹不止。郭兴进曰："非人不用命，舟大小不敌也，臣以为非火攻不可。"太祖然之，命常遇春等分调渔舟，载荻苇，置火药其中。至晡时，东北风起，太祖命以七舟束草为人，饰以甲胄，持兵戟，若斗敌状，令敢死士操之，备走舸于后。将迫敌舟，乘风纵火，风急火烈，须臾抵敌舟，焚水寨数百艘，燔焰涨天，湖水尽赤，死者大半。友谅弟友仁、友贵及其平章陈普略等皆焚死。我师乘之，又斩二千余级。友仁者，即所谓五王也，眇一目，有智数，枭(骁)勇善战。至是，友谅为之丧气。普略，即新开陈也。是日，张志雄舟樯折，为敌所觉，以数舟攒兵钩刺之，志雄窘迫自刭。丁普郎、余昶、陈弼、徐公辅皆战死，普郎身被十余创，首脱，犹植(直)立舟中不仆，持兵若战状。是时太祖所乘舟樯白，友谅觉，欲并力来攻。太祖知之，庚寅夜令诸船尽白其樯，旦莫能辨，敌益骇。辛卯，复率众大战，自辰至巳不解。时刘基侍，忽跃起大呼。太祖亦惊起回顾，但见基双手挥之曰："难星过，急更舟。"太祖如言入他舟，坐未定，旧所御舟以炮碎矣。友谅乘高见舟碎，喜甚。俄太祖麾舟更进，皆失色。廖永忠、俞通海、汪兴祖、赵庸以六舟深入，敌联大舰拒战，蔽之，舟若没。有顷，六舟旋绕汉军而出，势如游龙，诸将见之，勇气百倍，呼声动天地，波涛立起，日为之晦。时汉舟大，我师环攻之，杀其卒殆尽，而操舟犹不知，呼号摇橹如故，已而焚其舟，皆死。至午，敌兵大败，弃旗鼓器仗，浮蔽湖面。通海等还，太祖劳之曰："今日之捷，诸君之力也。"友谅战不利，欲退保鞋山。我师先至罂子口，横截湖面，邀友谅，不得出，乃敛舟自守，不敢更战。是日，（太祖）移舟泊柴棚，去敌五里许，诸将欲退师，少休士卒。太祖曰："两军相持，先退，非计也。"俞通海以湖水浅，请移舟扼江上流，刘基亦密言当移军湖口，期金木相犯日决胜。太祖从之，时水路狭隘，舟不得并进，恐为敌所乘，至夜，令船置一灯，相随渡浅，比明，已尽渡矣，乃泊于左蠡。友谅遂亦移舟出泊渚矶，相持者三日。友谅左、右二金吾将军率所部来降。初，友谅战不利，右金吾曰："今战不利，出湖实难，莫若焚舟登陆，直趋湖南，谋为再举。"其左金吾曰："今虽不利，而我师犹多，戮（勠）力一战，胜负未可知，何至自焚以示弱。万一舍舟登陆，彼以步骑蹑我后，进不及前，退无所据矣。"友谅犹豫不能决，至是失亡多，乃曰："右金吾是也。"左金吾闻之惧，来降。右金吾见其降，亦率所部来归。友谅兵益衰。太祖既驻师彭蠡，移书友谅曰："公乘尾大不掉之舟，殒兵敝甲，与吾相持。以公平日之强暴，正当亲决一死战，何徐徐随后，若听吾指挥者，无乃非丈夫乎！"友谅得书，怒，留使者不遣，尽杀所获我战士。太祖闻之，命悉出所俘友谅军，视其伤者赐药疗之，皆遣还，下令曰："但获彼军，皆勿杀。"又令祭其弟侄及将士之战死者。师出湖口，命遇春、永忠诸将统舟师横截之。又令一军立栅于岸，控湖口。旬有五日，友谅不敢出。复移书与之曰……友谅忿恚不答。太祖与博士夏煜等日草檄赋诗，意气弥壮，分兵克蕲州、兴国。友谅食尽，掠粮于南昌，朱文正遣人燔其舟，势益困。时我师水陆结营，列栅江南北岸，置火舟、火筏中流，戒严以俟。八月壬戌，友谅计穷，冒死突出，绕江下流，欲由禁江遁回。太祖麾诸军追击，以火舟、火筏冲之，敌舟散走，追奔数十里。自辰至酉，战不解。至泾江口，泾江之兵复击之。张铁冠大笑，贺曰："友谅死矣！"……未几，有降卒来奔，言友谅在别舸中流矢，贯睛及颅而死……夏四月丙申，命建忠臣祠于鄱阳湖康郎山，祀丁普郎、张志雄、韩成、宋贵、陈兆先……三十五人。

这场鄱阳湖大战，从元至正二十三年（1363）"四月，友谅忿其疆场日蹙，大作舟舰"到"八月壬戌，友谅计穷……在别舸中流矢贯睛及颅而死"。前后五个月，其中友谅围南昌八十五天，真正接仗开战只两个月时间，即解决战事。朱元璋取得鄱阳湖大捷，乘胜举兵，剿灭张士诚，收降方国珍，摧枯拉朽，中国南方略定，于元顺帝至正二十八年(1368)正月四日即皇帝位(元璋四十一岁)，国号明，是为洪武元年。朱元璋自至正十三年(1353)投奔郭子兴，在濠州起兵，至二十八年(1368)建立大明王朝，历时十六年。

朱元璋决战鄱阳湖，劲敌陈友谅败亡。这是灭元兴明过程中最重要、最关键的一场战争。这场战争在都昌留下不少遗迹和传说，令后人怀古追念，成为宝贵的文化旅游资源，主要胜迹有：

左蠡，即老爷庙。在县西南端，彭、蠡二水交汇处，蠡水左方，称“左蠡”。有明太祖剑刻“水面天心”四个大字，说明此处为鄱阳湖最显要之地，形胜江右。据载：“元末，明太祖与伪汉(陈友谅)战于鄱湖，初失利，走湖滨，遇老人舣舟近岸，太祖得济，赐以金环，返顾之，则鼋也。”太祖感激，封鼋为“将军”。由于此地险恶，“行舟过此，往往风涛叵测令人忧”。刘伯温有诗句：“山头出云山下雨，扬澜左蠡何时平？”康熙二十二年(1683)，知县曾王孙应民议建庙三间，高据湖上以安其神，于是“覆舟之患乃息”。至嘉庆十五年(1810)，南康知府狄尚絅上报朝廷，嘉庆帝加封“显应”，于是庙号“显应元将军庙”。远近百姓为便于称呼，都叫它“老爷庙”。庙门设大鼋一尊，联想南京明陵，陵内大道两旁列有许多石雕大鼋，可见太祖元璋将大鼋作为大明建国标志性神圣之物，令人景仰。

多宝寺。县志载：“多宝寺，在治西北三十里桃源乡，唐开元时建，旧名伏牛院。”蔡东藩《明史演义》第140页有段文字，就太祖微服私访游幸多宝寺，写道：相传太祖微幸多宝寺，步入大殿，见幢幡上尽写多宝如来佛号，因语侍从道：“寺名多宝，有许多多宝如来。”“国号太明，更无大大明皇帝。”学士江怀季闻言，知太祖意在属对，便脱口回答。太祖大喜，而擢为吏部侍郎。追入游方丈，见有纸条贴门首，上书维扬陈君左寓此。君左少有才，脱略不羁，曾与太祖有一面之交，太祖立呼相见。君左出谒毕，太祖笑问道：“你当初极善滑稽，别来已久，犹谑浪如昔吗？”君左默然。太祖又问道：“朕今已得天下，似前代何君？”君左道：“臣见陛下龙潜时候，饭糗茹草，及奋飞淮泗，与士卒同甘苦，犹食菜羹粝饭；臣以为陛下酷肖神农，否则何以尝得百草？”太祖鼓掌大笑，令他随行。偶过酒肆，太祖又出对道:“小村店三杯五盏,没有东西。”“大明君一统万方,不分南北。”君左随声应道。太祖又大笑,并语君左道:“你随朕入朝,做一词臣如何?”君左道:“陛下比德唐虞,臣愿希踪巢许,各行其志,想陛下亦应许臣。”大祖乃不加强迫,与他告别自归。

朱袍山。鄱阳湖水中一岛,属和合乡管辖,方圆约二十亩露出水面,相传朱元璋曾驻足此山,脱下袍服晾晒,因此得名。

柴棚。太祖决战鄱湖,曾“移舟泊柴棚”,并在此建亭,称“御亭”。明万历邑令王天策有《重建柴棚御亭碑记》。

围里。同治版《都昌县志》载:“治东十一都玉溪港西,传是明太祖征友谅于鄱阳湖所筑,尚存围埂数丈,坚硬无敢平者,平辄不吉,围周环多水池。”

圣驾墩。王天策《重建柴棚御亭碑记》云:“治西十五里有圣驾墩,在太平山下。”相传“明太祖征友谅时驻驿于此,军士筑土为墩,一夕而成”。

匡庐彭蠡曲相连

——李梦阳诗寄都昌

邹国坚

黄河水绕汉宫墙，河上秋风雁几行。

客子过壕追野马，将军弢箭射天狼。

以上名句出自明代文学家李梦阳《秋望》前两联，他生于公元1473年，甘肃安化人（今庆城县），字献吉，号空同。18岁参加陕西乡试略迟，遭拒后自负吟道："梦阳不入试，本科无解首"，获试后果然中了解元，翌年中进士，历任户部主事、郎中，江西提学副使。他为人刚直不阿，屡次直言进谏，得罪宦官外戚等权贵，曾五次入狱。李梦阳仕途多舛，但文思泉涌，著有《空同集》，留下2100余首诗作，带头反对当时流行一时所谓典雅庄重的"馆阁体"，主张"文必秦汉，诗必盛唐"，掀起了影响一个世纪的复古运动，成为明朝文坛"前七子"领袖。

1511年，权倾朝野的宦官八虎之一刘瑾被千刀万剐后，李梦阳沉冤得雪，从狱中放出，并于4月任命为江西提学副使（正四品），主管江西学政。接旨后，他立即南下，6月到任。上任伊始，他频繁到各地督学，同治版《都昌县志》记载了李梦阳视察都昌期间写下的四首诗。

李梦阳从南昌乘船沿今天的鄱阳湖来到都昌，但见一湖清水澄澈晶莹，与汉水的混浊形成鲜明对照，不觉心旷神怡，诗兴大发，以当时鄱阳湖的古名为题，赋诗一首《彭蠡泽》：

汉水亦太急，江浑只恁流。

何如彭蠡泽，清莹解人愁。

到都昌督学公事之余，他泛舟游览南山、松门山诸岛，骑马慕名来到了著名山水诗人谢灵运石壁精舍遗址。他见原书"石壁精舍"四个大字已模糊不清，便应都昌县令之请，用颜体重新书写了一遍，在驿站吟诵新诗《骑登谢址复舟观于西壁》：

奋鹄有奇翰，古铎无追响。

游云迹易灭，鸣世情难忘。

昔吟瞻眺咏，今觌湖中赏。

松门既岑峙，川水深以广。

昏旦候自变，伊人竟焉往。

岩劖徒空嵌，堂基鞠为莽。

扉径不可识，愉悲异今曩。

石壁屹寒岸，葛崖啸魍魉。

揽驭意已极，登舟只弥惘。

抱兹久延伫，遵渚路回枉。

主客一行凭吊陶侃的“陶侯钓矶”后经过左里乡时，但见此地风急浪高，别有韵味。李梦阳一时便有诗兴，写下《泛左蠡》一首：

辞山意不悦，水泛暂可乐。

微风逗帆席，日镜展光耀。

扬歌荡溟味，鼓枻极窈窕。

指顾异晨暮，俯仰改观眺。

出没湖中山，明灭海上峤。

素轻左蠡险，今觊石壁峭。

谢屐久已芜，陶矶寂谁钓？

解吟松门咏，令人发悲啸。

李梦阳非常关心都昌的“社学”，支持发展民间书院，据《都昌县志·游览》记载，他督学期间专门考察了宋末元初都昌理学大师陈澔创办的“云住书院”，命令知县建石牌，并亲自题写坊额，以示发扬光大，此后民间办学呈蓬勃发展之势。李梦阳的这一举措，对都昌自宋以后成为“文章节义之邦”有较大的推动作用。

李梦阳对鄱阳湖一往情深，即将离开都昌之际仍抽空泛舟游览，意犹未尽，写下一首七律《泛湖》：

匡庐彭蠡曲相连，伐鼓蛮歌趁进船。

屏见云横石壁净，镜开日破浪花圆。

渔樵山泽堪时给，盗贼干戈枉自缠。

遣帅已添新节制，指挥引见扫风烟。

李梦阳在主政江西学政时，发生了一段逸事。他曾巧遇一个读书人与他同名同姓，便戏谑道："汝不闻吾名，而敢犯乎？"那人答道："名命于父，不敢更也。"李梦阳又说道："我且出一对试汝，能对犹可恕也。"遂出对：蔺相如、司马相如，名相如，实不相如。读书人略加思考对曰：魏无忌、长孙无忌，彼无忌，此亦无忌。李梦阳听后称赞有加。

李梦阳情系江西教育事业，任职三年期间政绩官声颇佳，"江右士子诵义至今"。他不因下狱而改疾恶如仇的性情。《都昌县志》还记载了这样一件事：在处理淮王府的军校欺压学生案时，李梦阳伸张正义，将军校处以鞭挞之刑，惹得淮王发怒，奏报皇上。朝廷派大臣督查，李梦阳被罢黜官职，贬为庶民，归庆阳老家闲居。暮年的李梦阳看清时局，拒朝廷征召，一心"治园地，招宾客，饮酒著述"。1530 年，一代文坛领袖李梦阳因病结束了传奇的一生，享年 58 岁。斯人已逝，他与都昌的因缘际会就像他的诗歌一样万古流芳。

曹雪芹祖籍在都昌

王旺春

不朽的古典文学杰作《红楼梦》，已经问世两个多世纪了，在源远流长的中国古代文学史上，还从来没有一部作品像《红楼梦》这样，产生如此广泛、深入而又复杂的社会影响，遇到来自社会各个阶段、各个阶层、各个派系和各方面纷繁奇异的理解和评论，从而形成了研究《红楼梦》的专门学问——红学。

红学研究始于二十世纪二十年代，专家们认为，要研究《红楼梦》，必须要了解曹雪芹的身世，要了解曹雪芹的身世，必须研究曹雪芹的祖籍。所以二十世纪三十年代，李玄伯提出了曹雪芹祖籍"丰润说"。到二十世纪七十年代中期，冯其庸提出了曹雪芹祖籍"辽阳说"。以后又有人提出"襄阳说"。众说纷纭的曹雪芹身世和祖籍，在《红楼梦学刊》上争论不休。在这些争论中，研究出了一大批红学史料，使曹雪芹模糊祖籍的世系逐渐清晰，同时为今天研究曹雪芹和《红楼梦》，提供了许多真实的依据。"文革"期间，红学研究滞留在政治领域，使红学涂上了政治色彩。好在二十七年前，一批有志于曹雪芹、《红楼梦》研究和热心红学转播的有识之士，又发起成立了"中国曹雪芹研究会"，并就曹雪芹的祖籍问题提出了许多值得商榷的意见。"曹雪芹祖籍究竟在哪里?""曹家的迁徙路线又是怎样形成?"这就是当前红学家们要深究的一个课题。四年前，由全国人大常委会委员、中共中央统战部副部长、全国工商业联合会党组书记胡德平同志牵头，"北京曹雪芹研究会"成立。他们接过传递者的火炬，更加深入地研究曹雪芹和《红楼梦》，要让红学及中国的历史更加全面、丰富、深刻地展现在世人面前。

2011年6月29日，"北京曹雪芹研究会"第一次年会在江西庐山召开，年会邀请了时任都昌县人民政府副县长曹达洲同志，中共都昌县委宣传部副部长汪国山同志，县委统战部、文化局领导及对《红楼梦》研究感兴趣的相关人士参加了年会的开幕式。7月2日，胡德平会长率领参加年会的部分学者、专家赴都昌，就江西省考古研究所陈江教授提出的"曹雪芹南宋祖籍在都昌龟山"的史料进行考察。陈江教授在研究冯其庸的“辽阳说”中，追究到武阳，发现曹雪芹十六代祖曹子义的六世祖即是南宋咸淳元年(1265)知隆兴府事兼转运正使的曹孝庆。那时的隆兴府即是今南昌。据《南昌市志》记载，曹孝庆在知隆兴期间，居住在今南昌市顺化门内曹家巷。沿着这条线索，陈江教授把目光移到了都昌龟山。

曹孝庆(1206—1276)，号介轩，都昌龟山(今蔡岭镇)人。南宋宝庆二年(1226)入太学，嘉熙四年(1240)中庚子科举人，次年登徐俨夫榜进士。淳祐十一年(1251)官太府寺丞，十二年(1252)除秘书郎。宝祐元年(1253)知瑞州府事奉议郎，二年(1254)除著作郎，三年(1255)七月任兵部郎官。景定三年(1262)四月任右正言，四年(1263)任右正言兼侍讲，后任起居舍人，五年(1264)任集英殿修撰。理宗病逝，贾似道拥赵禥登基，是为度宗。咸淳元年(1265)知隆兴府事兼转运正使。二年(1266)知婺州府事，四年(1268)任给事中，六年(1270)任礼部尚书兼给事中，十年(1274)任礼部尚书、端明殿学士，食邑三百户。

南宋景定三年(1262)，由贾似道党翼、浙漕吴势卿奏“公田法”强占民田，遭到多数朝臣的反对。曹孝庆趋炎附势，恭维于“公田”之议，得到了贾似道的赏识，后平步青云，官居礼部尚书、端明殿学士。恭宗德祐元年(1275)七月，贾似道卖国罪行被揭露，赵太后被群臣所迫，改任陈宜中为右丞相，罢免了贾似道的官，斩了翁应龙、廖莹中等人，贾似道集团死的死，免的免，顷刻瓦解。曹孝庆免于一死，被免职回故里都昌龟山南堡尚书官衙居住，后于元至元十三年(1276)病殁于龟山，卜葬栖贞寺，即今湖口县曹寺湾附近。

曹孝庆生三子：曹恩、曹愚、曹应。三子生十一子。曹雪芹的祖先就在这十一个人之中产生。据《中国历史大事年表》记载：至正十二年(1352)壬辰，徐寿辉率数万红巾军破南康府，同刘福通、邹普胜会兵于都昌沿湖地区，他们在都昌争相拉夫掠粮。据都昌《沙港黄氏宗谱》记存的《卫谦公墓志铭》记载，我县大宁池(大沔池)黄姓村庄在这次兵燹中，只逃出来了12岁的黄卫谦叔侄二人，余皆被抓被戮。同样，这次兵燹也发生在龟山。因龟山盛产红花(一种红色染料草药)，而红巾军需要大量的红花染布。

在征用红花期间，红巾军遭到了曹广一率领的五百乡丁的阻挠而败回，继而出兵报复。他们在龟山抢红花、屠村民、烧官衙,龟山曹姓遭到了空前的灾难。在这次兵燹中,龟山曹姓族人四散逃走。据都昌《曹姓宗谱》记载,在这次迁徙中,有逃往建德韩桥、栗港曹家山、鄱阳朱湖的。曹孝庆十一世孙辈中,有人逃往进贤县武阳,后定居在武阳山东,号称“山东曹氏”。

曹子义是连接都昌与曹雪芹的关键人物。他既是曹雪芹的十六代祖,又是曹孝庆的六代孙,使曹雪芹祖籍的迁徙路线更加清晰。明万历四十六年(1618),努尔哈赤在赫图阿拉(今辽宁新宾)集结兵力,誓师告天,兴兵反明。当年攻克沈阳,曹子义十世孙曹世选被满族贵族军队俘掠为奴,后被划属到努尔哈赤十四子多尔衮率领的正白旗下。从此,曹家开始了所谓“包衣旗籍”的生活。据《大清会典事例》的记载,屡建功勋的多尔衮攻入中原后,像曹家这样跟随贵族的包衣的社会地位,也随着主子不断地上升。顺治七年(1650),多尔衮死,正白旗归福临(顺治皇帝)亲自统辖,从此以后曹家开始和封建皇帝直接发生关系。有文献记载称曹家为“内务府包衣旗人”。内务府是清代独有的一个机构。顺治初年,清统治者鉴于明末宦官干预政事的弊害,始设内务府。内务府是主管皇帝私人事务和私人财产的机构,同时又插手一些重要的经济部门的事务,如管理盐政、织造、矿、窑等。内务府的设立,大大提高和巩固了曹家在统治集团中的地位。例如顺治十一年(1654),皇三子玄烨(康熙皇帝)生,曹雪芹的曾祖母孙氏被选为乳母。玄烨幼年为避痘(一种传染性的天花疾病),曾随孙氏居于宫外。七年后,玄烨被立为太子。不久,福临死,玄烨登基,曹雪芹的曾祖父曹玺,作为新皇帝的“奶爹”,于康熙二年(1663)便以内务府郎中的身份,首任江宁织造,从此曹家定居南京。

胡德平同志曾经说过:“我们的民族需要的不仅是物质文明的丰富光彩,同时也迫切需要精神文明的繁荣昌盛。”我们虽然不是红学的研究者,但愿在传播红学中,扮演一簇小小的浪花。

愿都昌龟山曹氏的历史能为红学研究推波助澜!

北京曹雪芹研究会考察都昌龟山曹

邹国坚

毕业于北京大学历史系的胡德平，在二十世纪八十年代就开始研究曹雪芹，并创立了“中国曹雪芹研究会”（后改名“北京曹雪芹研究会”）一直兼任会长至今。他曾多次在大学和央视等论坛开讲《说不尽的红楼梦》，他说：“英国人讲，宁愿失去英伦三岛，不愿失去莎士比亚。”在中国，曹雪芹和莎士比亚一样重要。“他用文学的火把给人以热情，给人以温暖，给人以诀别旧制度的勇气。”胡会长是公认的红学研究大家。

鸿篇巨制《红楼梦》是古典小说的巅峰之作，是举世无双的文化瑰宝。因作者独特的家族背景和身份及“真事隐、假语存”的笔法，从民国时期的胡适、蔡元培就掀起研究热潮，并发展成一门显学——红学。

因为《红楼梦》是一本自传体小说，所以必须深入了解作者曹雪芹的生平和家族渊源。“红学”研究者抽丝剥茧逐步还原真相，从一开始认为曹雪芹是满族旗人，上溯曹雪芹家族世系，才发现曹雪芹是纯正的汉人血统。五世祖曹锡远为明朝辽东指挥使，在与清军战斗中被俘，并入满洲正白旗籍包衣，之后携子曹振彦随多尔衮入关。多尔衮死后曹家被并入顺治皇帝旗下，曹振彦妻子孙氏有幸被选为康熙奶妈，其子曹玺荣任江宁织造，此后祖孙三代四人连续任职长达58年。曹玺儿子曹寅即曹雪芹祖父，从小为康熙伴读，深得皇上信任，康熙六次南巡，有四次住在曹家，并向大臣介绍奶妈孙氏为家人。

曹雪芹生于1715年。康熙晚年猝死，四子雍正继位后于1728年对曹家抄家，曹家从此一蹶不振。曹雪芹经历了“生于繁华，终于沦落”的人生过山车，后来在北京以卖字画为生，同时对《红楼梦》“披阅十载，增删五次”，在生活上“举家食粥酒常赊”，贫困潦倒直至终了。

2011年6月26日，“北京曹雪芹研究会”第一届年会在庐山召开，江西省曹雪芹首席研究员、江西省文物考古研究所陈江教授做了《历史家视野中的〈红楼梦〉——曹雪芹宋元江右祖系初探》的学术报告，以翔实资料证明南宋礼部尚书曹孝庆为江西武阳曹姓始祖。“武阳者，洵吾始祖所发祥之地也。”他根据现有的资料，把曹雪芹至曹孝庆的谱系赓续完备，一共22代，具有十足的说服力。

会后第三天，胡德平会长率领40多位海内外红学专家，来到都昌县蔡岭镇衙前曹村，对龟山曹实地考察，查阅《曹氏宗谱》，勘查“北炎孝庆尚书衙场”。专家一行来到县城莅临“南宋尚书曹孝庆史料研讨会”，同与会专家考证，曹孝庆生于1206年，卒于1276年，古豫章南康府都昌县人，并据《南宋馆阁续录》记载：曹孝庆，字可昌，贯南康，习《易》。

胡德平会长最后总结说：目前曹雪芹祖籍主要有“辽阳说”“丰润说”和“豫章武阳说”三种，三者并不矛盾。从资料考证来看，辽宁辽阳是曹雪芹明末祖籍，河北丰润是他明初祖籍，江西都昌是他南宋祖籍。

胡德平会长一锤定音，从此曹雪芹祖籍之争尘埃落定。

红学家周汝昌说：“曹雪芹的《红楼梦》是中华文化的一个代表形象，他的根在豫章武阳曹。”全国有四个地方建立了“曹雪芹纪念馆”，都昌龟山曹姓以此次会议为契机，于2011年成立了“都昌龟山曹雪芹南宋祖籍研究会”，搜集、挖掘相关史料。会员曹明启认为《红楼梦》中的话语不是按北京话创作的，他细心地找出《红楼梦》中520多处有都昌方言的痕迹，如“对衿褂子”“好尊贵的东西”“替人家赶獐”等，从语言角度提供了佐证。

红楼解谜

曹明启

中国古典小说的巅峰之作《红楼梦》自问世以来，已有二百多年。能得到广泛、深入、持久的社会影响和众多读者的钟爱实属罕见。作者除了拥有卓越的语言技巧外，还打破了有史以来传统写法，只按自己的事体情理，用贾(假)雨(语)村(存)言以及障眼法、真假法、谐音法、拆字法等，使千千万万的红学爱好者沉迷于品读与研究之中。正如《红楼梦》结尾所说："不但作者不知，抄者不知，并阅者也不知。"看，这不是实实在在的谜团吗？作者还提醒读者："假作真时真亦假，无为有处有还无。"所以凡探讨研究《红楼梦》的爱好者，要想解开书中诸多谜团就必须读懂、读透《红楼梦》原著，考证揭示这诸多疑点，把《红楼梦》未解之谜全方位地进行破解。这样对《红楼梦》的探索与研究就有希望达到理想的境界，也能取得一定的成果。

一、志趣相投　爱如磐石

为什么宝玉最爱林黛玉？这是一个未解之谜。按理说薛宝钗是优秀的，她美丽端庄，身材匀称，才华出众，行为豁达，做事得体，非同一般女子。薛宝钗被贾府所有的统治者看好，并非某人的圣名和偶然发现。在此背景下，"木石前盟"势必敌不过"金玉良缘"，这也顺应了当时社会的"门当户对"和"政治婚姻"的潮流。可是，曹雪芹(宝玉)逆潮流而行，对当时的政界是不满的，对自己的婚姻也不满，对父辈在朝为官持不屑之态，他自己更是不愿为官。《红楼梦》之《好了歌解》可以为证："乱烘烘(哄哄)你方唱罢我登场，反认他乡是故乡。甚荒唐到头来都是为他人作嫁衣裳！"他自己中举后，愤然而去，应是看破红尘，遁入空门。在乡试前，薛宝钗曾规劝宝玉，却屡遭奚落。"好好的一清净洁白女儿，也学的(得)沽名钓誉，入了国贼禄鬼之流。"而林黛玉对当朝的政治态度与宝钗截然不同，见第十六回："宝玉又将北静王所赠鹡鸰香串珍重取出来，转赠黛玉。黛玉说：'什么臭男人拿过的，我不要他。'遂掷而不取，宝玉只得收回。"北静王应该就是皇六子永瑢，皇子都被骂成臭男人，可见林黛玉是多么蔑视皇权。在这里她和宝玉对当朝的政见是一致的，心心相印。尽管林黛玉爱要小性子，钻牛角尖，心胸狭隘，可是作者（曹雪芹）对她情有独钟，有着深深的眷恋，从内心引为同志。

在《红楼梦》叙述的一次抄家时，宝玉虽然只有十二岁，但范时绛带来抄家的人有很多他也认识，并有过来往。过去他们都是满脸堆笑、卑躬屈膝，有的甚至还向他索取过字画。可是今天，一个个凶神恶煞，像是魔鬼，似乎人人都有"墙倒众人推"的快感。父亲天天逼他读书，学作八股文，以便将来"蟾宫折桂""学而优则仕"。原来读书做官就是这个样啊，此情此景，好不心酸。平时，宝钗也是劝他读八股文，走仕途经济之路。在《红楼梦》第三十二回，宝玉说："林姑娘从来说过这些混账话吗？要是她也说过这些混账话，我早和她生分了。"从这话语中，说明贾宝玉深深地爱着林黛玉，因为他们志趣相投，心有灵犀。两人对朝廷的政见是一致的，宝玉对黛玉的爱也是纯洁真诚的，绝无瑕疵的。他没有传统门当户对的势利眼，更多的是同情心。林黛玉六岁丧母，又没兄弟姐妹，孤苦伶仃，家人只有父亲，父亲又常年在外为官，只好把她寄养在外祖母家（荣国府）。在荣国府众姐妹中，相对而言她是弱势。林黛玉虽聪明伶俐，但不通世故，所以在这世态炎凉的环境里，她对生活与爱情充满着忧愁和绝望。

正如她在《葬花吟》中所说：

……一年三百六十日，风刀霜剑严相逼。

……质本洁来还洁去，强于污淖陷渠沟。

……一朝春尽红颜老，花落人亡两不知。

这是何等悲哀！林黛玉本想把人生的希望寄托在爱情上，不料却遭变故，悲痛不已，临终前说："宝玉，宝玉，你好……"对这句话在红学界一直头痛，至今无解，不能不说这又是一个谜。如果从都昌方言去听，也就不难理解，在都昌，当听到李四正在做着有违自己的愿望而又无力劝说阻止他，那就只能说："李四，李四，你好！你嘅……"这是从内心说出无奈的话，也是一种都昌方言。当林黛玉听到宝玉娶宝钗的消息，犹如晴天霹雳，万念俱灰，就只能说："宝玉，宝玉，你好……"此时爱恨交织。这句话后面的省略号，似乎省略的是：宝玉你好狠啊！你是铁石一样的心肠，我待你一往情深，你怎么这样对我，你原来所做的一切都是虚情假意，今天才知道你是个无情无义的东西！此时无声胜有声。实际上林黛玉她内心是矛盾的，心中半信半疑，铁的事实是贾府上上下下瞒着宝玉和黛玉两人，在王熙凤的操纵下，施展着她那偷梁换柱之计，实在有违宝玉深爱黛玉之意愿，因此说宝玉最爱林妹妹。

二、脂砚可谈心　酷似贾雨村

要探讨《红楼梦》脂评本中脂砚斋是谁？他与贾雨村、甄士隐是什么关系？必须把《红楼梦》整个眉批本读完之后，才能对脂砚斋大致有个了解。脂砚斋应是男性，与曹雪芹是同时代人，年长几岁且博览群书，是曹雪芹的知交，两人关系密切。他一直伴随着曹雪芹写完《红楼梦》，并提供写作的素材，甚至可左右《红楼梦》的增删。《红楼梦》也体现了他的真知灼见，他自始至终是《红楼梦》主要的评者，甚至是《红楼梦》中不可缺少的人物原型。要弄清脂砚斋到底是谁很有必要，他的批语就是破译《红楼梦》诸多谜团的一把钥匙。

红学泰斗周汝昌对《红楼梦》的研究做出过卓越的贡献，他曾说过脂砚斋就是史湘云的原型。这一论点，笔者不敢苟同，理由：史湘云是十二金钗之一，大家闺秀，公侯小姐，在那个黑暗的封建社会，男人是社会的主宰者，而女性地位低下。中国唯一的女状元傅善祥为太平天国时期高中，可见在封建社会女性往往受到歧视，极少有女子能出类拔萃。《红楼梦》是世界文学巨著，怎么就有个女子破天荒地出现在《红楼梦》评者中，为之评点批注呢？

史湘云她还在襁褓中就父母双亡，由于她是史家贾母的侄孙女，就在贾府与众姐妹一起混大。她本想嫁个才貌仙郎，夫妻恩爱，地久天长，补偿幼年时的不幸景况，结果还是丈夫早逝，家破人亡。可以断定她不可能有很高的文化功底，更没有脂砚斋那样的文化素养和阅历，所以她根本不可能写出脂砚斋那样精妙的评语。在此有人会问：你说史湘云文化不高，她在海棠诗社所作诗词并不逊色。这是因为《红楼梦》中所有诗词，都是作者曹雪芹所作。当然我们还是要用证据说话。畸笏叟在靖藏本第二十二回写有眉批曰：凤姐点戏，脂砚执笔事，今知者寥寥矣，不怨夫。前批“知者寥寥”，不数年，芹溪、脂砚、杏斋诸子相继别去。今丁亥夏，只剩朽物一枚，宁不痛杀！

眉批中有“诸子”二字，特别值得我们研究回味。查《辞海》：诸，众，许多。

子:古代特指有学问的男人,是男人的美称。这就清楚地告诉我们两件事:1. 芹溪(雪芹)、脂砚是两个人。2. 脂砚是男性,所以脂砚斋就不可能是史湘云。那么脂砚斋到底是谁?不妨来看看贾雨村的基本情况,能否与脂砚斋挂上钩?

贾雨村,曹氏,江西省南昌武阳人,与贾宝玉(曹雪芹)是同宗同祖同辈的屋里人。进士,选进外班,再升知府,又被罢官。历经贫困潦倒,仕途坎坷,再次复职。最后又犯婪索案件,审明定罪遇大赦,褫籍为民。经历仕途的坎坷后,贾雨村对当朝就有了内在的了解和深刻的认识。他在仕途上是经林如海(林黛玉之父)举荐,得到贾府的重视,以及曹雪芹的经济支援,贾雨村与贾府有着密切关系,贾府兴旺,他就官运亨通。贾府被抄,他就走霉运、灾难不断。所以他就把清朝的真实嘴脸看穿了,也对清廷有了深刻的认知。而曹雪芹在儿时就对朝廷之事有所耳闻,父辈在朝为官,姐姐在后宫。特别在他十二岁时,目睹家中被抄的惨景,这一切在他少年时代就埋下了深恶痛绝的种子,中举后,毅然离家出走,远离官场。古话说:人不平则语,水不平则流。直到雪芹中年,他的思想越发成熟,理所当然就会呐喊,写下这部世界名著《红楼梦》。由于甄士隐(曹雪芹)与贾雨村(脂砚斋)政见一致,同样感受到朝廷的糜烂衰败、世态炎凉,因此要写出这伤时骂世之作《红楼梦》,恐怕就是他们两人的共同心愿。所以就由曹雪芹执笔著红楼,贾雨村(脂砚斋)首先阅读评点批注,看《红楼梦》开篇第一回,就是甄士隐(曹雪芹)梦幻识通灵,贾雨村风尘怀闺秀;结尾的第一百二十回仍是甄士隐详说太虚情,贾雨村归结《红楼梦》。曹雪芹与贾雨村自始至终是搭档,难怪有人说《红楼梦》作者一芹一脂是有一定的道理的。你们说脂砚斋不是贾雨村能是谁呢?现在可以大胆肯定,贾雨村就是脂砚斋,他的真实姓名是曹脂,是曹氏雪芹的同辈二十八世的堂房兄。再拆"脂砚斋"三字,《易 · 本命》曰:"有羽者脂。"羽者,能飞也。《红楼梦》写道:贾雨村,表字"时飞"。脂砚斋有红批"实非也"就是说其实不叫"时飞"那就是"脂",所以说"脂"就是"贾雨村"。"砚"为"石""见"两字合一。"石"为《石头记》也就是《红楼梦》。"见":看见、见解,即点评。"斋",为书房。"脂砚斋"就是贾雨村点评《石头记》即《红楼梦》的书房,久而久之就成了贾雨村的笔名。

三、方言难相通　外人不易懂

我之所以再三提及《红楼梦》中的都昌方言。是因为该书根植于都昌文化的原始土壤，并涉及两个重要问题：1. 曹雪芹的祖籍到底在哪里？2.《红楼梦》后四十回的作者是谁？这两个几十年争论不休的问题，随着《红楼梦》中的都昌方言的存在与发现，就会水落石出了。至今出版的《红楼梦》作者还是曹雪芹和高鹗。何时才能彻底割掉尾巴，收回曹氏完整的著作权，《红楼梦》中的都昌方言至关重要，它是此两大议题的试金石和分水岭。在 2018 年 2 月都昌民间文艺家集会上，一位老师说：有人对《红楼梦》中都昌方言提出了不同见解，说红楼梦是标准的南京话，怎么有都昌方言呢？对此我只能说这位朋友只是见过《红楼梦》中的方言，还没有进行深入的研究。不错，曹雪芹出生在南京，但他不久就离开了南京，也就是元春选妃入宫之前，就到了北京丰润。一个人的语言不是出生在哪里，就一定会说哪里的话，语言是爷爷奶奶、父母亲、老师以及社会环境影响所决定的。因而我认为《红楼梦》中既有祖籍都昌方言，也有南京之音，更有北京的话语。我之所以发现《红楼梦》中有都昌方言，不是有啥高明之处，更不是凭空捏造。从 20 世纪 70 年代开始，我一直在读《红楼梦》，无非就是多读了几遍罢了，自然对原著的村语方言比较熟悉。加上本人是土生土长在都昌，又年逾古稀，能不识辨家乡的方言吗？在我把书中 562 条方言摘录后，与本地朋友探讨，得到了几位长者的认可和支持。他们分别是：土改老干部段一鹤（88 岁），《中国鄱阳湖》作者吴换宝（75 岁），都昌县委宣传部原副部长李辉柱（74 岁），资深的两位中学教师曹志民（76 岁）、曹爱民（78 岁）。这几位有着深厚文化素养的长者的肯定和支持，更加坚定了我的信心，肯定了我的结论。当我的《浅析〈红楼梦〉中都昌方言》在《九江收藏》发表后，一位自称研究《红楼梦》20 余年的老先生表示质疑。他见此文后，说这些方言他们九江人也能懂，他也听说过，于是就电邀我到九江，问我："你说的《红楼梦》中都昌方言，我们九江也曾听说这些方言，怎么就是你都昌的方言？"我回答："九江、湖口、星子与都昌是近邻，一衣带水，因人口流动，文中举出的有小部分方言，可能你们也懂，甚至也能说上两句，不足为怪。"最近，我有幸收到九江市档案局曾国祥赠送的《九江方言词典》，进一步证实了这一点。在《九江方言词典》里能找出《红楼梦》中都昌方言就只有："旧年""酽茶""洋布""浆衣裳""隔壁""过阴"等。但大部分的《红楼梦》中都昌方言，九江人是听不懂的，更不会说。如："眼儿""搅家精""鲫瓜儿""为别人赶獐""好说不好听""快进被来渥渥"等等。这些方言是你们九江的方言吗？你们能听懂吗？这位老先生沉默无语。对《红楼梦》中都昌方言，我还在《都昌俚语》中，找到了与《红楼梦》书中相同的都昌方言。如第15页“鼻酒脓”、第34页“吃满嘚眼”、第102页“过门”、第106页“好说不好听”、第136页“来是来，去是去（丁是丁，卯是卯）”、第290页“无笼头马”“冇管束”。以上列举的这些俚语，在《红楼梦》中照样存在，这就有力印证了《红楼梦》中的都昌方言。当然俚语和方言都不是通用的官方语言，而是范围狭小而又通俗的地方话。俚语是方言的分支，它们既有共性又稍有差异。《红楼梦》中都昌方言在《都昌俚语》中未能全部找到，原因在于《红楼梦》中都昌方言是两百多年以前历史的方言，又偏重于周溪、西源地区。《都昌俚语》大多是近两百年以内产生的方言，且又偏重于阳峰、化民、三汊港地区，有些甚至是新中国成立后产生的方言。例如：“大眼盅穷”“倒该”“跌股”“斗反骨头”“豆腐拣紧处舀”“断根”“告花子门口三尺硬”“狗头上载不得四两肉”“寡嘴”“解高”“九几”。这些方言历史不长，因而在两百多年前出版的《红楼梦》中是不可能存在的。

综上所述，《红楼梦》中都昌方言的存在是毋庸置疑的，更是不可否认的。有了这样的人证、物证，那么曹雪芹的祖籍原出都昌也就毫无疑问了。《红楼梦》的后四十回就只能是出自曹雪芹的手笔。因为后四十回同样存在与前八十回相同和不同样的都昌方言，辽宁的高鹗是绝对写不出都昌方言的。“在1980年首届国际红学研讨会上，美国威斯康星大学陈炳藻用计算机对前八十回和后四十回的用字进行测定，他得出的结论是（全书）一百二十回的作者是同一个人。”为什么对高鹗续书的说法一直争执不断？因为《红楼梦》后四十回压根儿就不是高鹗所作，而且方言是语言文化的活化石。据可靠材料：红学大师俞平伯临终前曾写下：“胡适、俞平伯是腰斩《红楼梦》的，有罪。”前辈的这种严谨治学和自我批判的精神，值得敬佩。在铁的证据面前，高鹗续书之说就显得苍白无力。我敢预言，将来《红楼梦》的作者就一定只有曹雪芹一人，以还原历史的本来面目。

在此我真诚感谢九江市档案局曾国祥先生及其赠送的《九江方言词典》，感谢曹爱民老师的指点以及曹正东补充润色。

张謇为胡廷玉撰墓志铭

汪国山

都昌苏山土目益溪舍村胡氏，簪缨累代呈彩霞。益溪舍胡村历史上最耀眼的人物当属清同治年间进士、官至二品的胡廷玉(1841—1895)。

一代伟人毛泽东在回顾我国民族工业发展时，曾说过我国实业界有四个人是不能忘记的，他们是：搞重工业的张之洞，搞化学工业的范旭东，搞交通运输的卢作孚和搞纺织工业的张謇。四人中的张謇(1853—1926)生于江苏通州(今南通市)，光绪二十年(1894)状元。他不仅是清末民初的实业家，还是近代政治家、教育家、书法家。南通人张謇比"鄱阳湖上都昌县"的胡廷玉小了整整12岁。这两头属相均为"牛"的进士，在历史上没有看到牛劲十足的他们有直接交往的载录，但张謇为胡廷玉撰写过一篇墓志铭。在史志对胡廷玉的身世并未留下传记的情状下，张謇所撰墓志铭为后人了解胡廷玉的生平，留下了简略的可信资料。

胡廷玉光绪二十一年(1895)客死南京，张謇为他撰墓志铭是在胡廷玉卒于官舍后的七年，是应胡廷玉的长子胡元辂之请而为之撰铭的。胡廷玉父子与张謇故里江苏通州皆有交集。胡廷玉曾提任海门通州厘捐，主管通州的税务，而其子胡元辂以副贡生之身，也曾候选过通州通判。张謇所撰题目为《二品顶戴江苏候补道胡公墓志铭》。按清代官制，品级高下与职能所属，通过服饰与顶戴区分，所谓"官不到二品，戴不得红顶"，是指清代仕宦顶珠一品为红宝石，俗称亮红顶；二品大员为红珊瑚，俗称暗红顶。胡廷玉官至二品，顶珠为显赫的红珊瑚。

张謇落款的身份是：赐进士及第武英殿协修撰加三级通州张謇顿首拜撰。张謇在为胡廷玉所撰墓志铭中开门见山："公讳廷玉，字香玖，江西南康都昌人。胡氏世为江西鼎族。唐有金紫光禄大夫城，宋有兵部尚书直孺，居南昌之新吴。"这里要指正张謇的一个谬误，唐代的胡城授国子监博士、迁侍御史，唐灭后即归隐华林，并未授金紫光禄大夫，此一荣衔的获得者是宋代的胡直孺，那时还没有"土目胡氏"播迁一说。张謇接着叙述了胡廷玉的身世。胡廷玉少年时家境甚贫，无钱入读私塾，渴慕求知的他每每站在学堂外，听塾师授课，而回家能背诵听来的诗文。后来村里曾任内阁中书的大伯父胡水心爱廷玉聪异，带在身边教他读书。胡廷玉每日抄书读之，恒久不辍。数年教诲下来，胡廷玉所作诗文令人刮目相看，叹为大器。当时正值太平军攻江西，南康诸县多临鄱阳湖，时局大乱。胡廷玉的父亲胡葆荃（即莘亭，候选从九品）带着训练的团丁入南康府助守。胡廷玉在颠沛中仍手不释卷，挟着书随着避难的人逃往庐山五老峰山谷间。一次，他被太平军追赶而坠入深崖，所幸的是被崖下青藤挂住，被樵夫发现后，才捡回一条性命。太平军被镇压后，胡廷玉从深渊跌落处升腾起攀登功名之峰的牛劲来，一路从补廪膳生到选拔贡太学。他的为文冠绝一时。同治元年(1862)，胡廷玉中本省乡试举人；同治十三年(1875)，荣登进士，授内阁中书掌制诰。胡廷玉在京城为官，俸薪偏低，生活是清苦的，不足以贴补家用，以至于他回家休假其间还要兼着为他人授课而赚些外快。后来祖母和他的原配夫人袁氏（长子元辂生母）相继病逝，家境越发拮据。胡廷玉主动要求离京任职，先后改任江苏一知府，以三品衔历任厘局督办税捐、提调海门通州厘捐、下关掣验官。其间亲生母亲杨氏病逝，胡廷玉丁忧后保升道员，并加二品顶戴，总办金陵淮盐掣验局差，仕途达到人生巅峰。照说胡廷玉主理江南富庶之地的税捐多年，应大藏财资而盈室，可胡廷玉崇尚勤廉，绝世独立，以至于他55岁卒，同僚通口嗟叹其贫。张謇在为胡廷玉所撰墓志铭中如此赞叹：“长裙玉佩，宜其不逢。要无丧我，卒获已半。有蕴不施，君子之风。”

与苏山土目比邻的春桥黄邦本村清末进士黄锡朋，在1913年应好友胡廷玉的侄子胡雪抱（元轸）之请，撰过一篇《资政大夫观察胡公家传》，略记了比邑先达胡廷玉的生平事略，“观察”即道台的别称。同为进士，黄锡朋比胡廷玉年轻18岁，但他与胡廷玉却有直接的交集。光绪癸巳年(1893)，黄锡朋参谒金陵（今南京）龙江关，胡廷玉与之相见，并对都昌后学黄锡朋慰勉有加。黄锡朋在文中这样称誉先达胡廷玉：“处人宽厚和豫，樵野贩竖，接之皆一体。乐奖励后进，于子弟未尝厉言遽色。其待朋友，无机械心。”“介服官屡处膏泽，而卒之日，同僚合口嗟其贫。”“雅量宏致，涵茹古今。”胡廷玉淡泊明志，是个顾家的人，“酣豢妻孥”见温情。胡廷玉善行书，在书法上学苏东坡。朋友之间的书信往来，多作“吉祥阴骘语”，是个磊落之人。

胡廷玉墓立于离益溪舍约二里处，2012年由其后裔重修，与封为一品夫人的继配刘氏合葬。墓碑上选刻了张謇所撰的墓志铭。

都昌“三黄”之诗与名流

汪国山

清光绪癸卯科(1903)进士黄锡朋是都昌春桥乡黄邦本村人。进士黄锡朋曾官至工部主事,正五品。让他名垂青史的,当然不是官衔,而是清末民初在江西诗坛的翘楚地位。胡先骕先生曾将黄锡朋与陈三立相提并论,列为“同光体”赣派四大代表性人物之一。黄锡朋与他的两个儿子黄养浩、黄次纯在诗坛并称都昌“三黄”,2003年作家出版社曾出版有《都昌“三黄”诗文集》一书。

中国晚清至民国时期的旧体诗诗坛,“同光体”是个绕不开的诗派。所谓“同光体”之“同光”,指清代“同治”“光绪”两个年号。光绪九年(1883)至十二年(1886)间,郑孝胥、陈衍开始标榜此诗派之名,宣称“同、光以来诗人不墨守盛唐者”。随着后期大批文人的追捧,“同光体”逐渐成为一种成型的诗风,其诗风特点是学古“宗宋”,追求字句上新巧,有时流于艰涩。“同光体”前后历经四十年,流派纷呈,主要有赣派、浙派、闽派。江西派的代表人物是陈三立,闽派代表人物是诗评家陈衍,而都昌“三黄”与陈三立、陈衍皆有着密切联系。

1993年版的《都昌县志》在“人物卷”收录了黄锡朋的简传,在传略中如此评价黄锡朋之诗品:“辛亥革命后,以遗老自居,读书吟诗,潜心辞赋。其诗作风格瘦硬,避俗避熟,流于隐晦,与其政治态度不无关联。但他的诗词不泛设,字无虚砌,锤炼甚精,显为同光体诗派作者。”现任中华诗词学会副会长、江西省诗词学会会长的胡迎建先生是胡雪抱之孙,他在2013年曾主编《坚守·风骨·传承——都昌黄锡朋、黄养和、黄次纯、胡雪抱诗文研究》一书(江西高校出版社出版),在序言中胡迎建引用现代大诗家、民国年间中正大学(南昌大学前身)第一任校长、著名植物学家胡先骕先生(江西新建人)之言:“吾乡自赵宋以还,以文章领袖宇内。逮清而稍衰,至清之末叶尤不振。自陈散原先生出,始重振西江绪余,夏吷庵、华澜石、黄百我、杨昀谷诸前辈,并能各树一帜。”陈散原即陈三立,黄百我即黄锡朋。胡迎建如此阐述:“胡先骕所列举的夏、华、黄、杨四人,均为近代江西诗坛的著名诗人,是同光体赣派中的重要骨干。”胡迎建先生也明确地将黄锡朋归入“同光体”赣派之列。

胡先骕先生大有将黄锡朋列“同光体”赣派四大家之一的用意,可于黄锡朋,对于江西乡贤、“同光体”赣派的扛旗者陈三立却极为推崇。陈三立,字伯严,号散原,比黄锡朋大6岁。黄锡朋在《陈主事伯严》一诗中称赞陈三立“冥搜造幽荒,得句苍天悲”。黄锡朋诗风学陈三立,但他的诗词创作中呈现的清新平淡的自然之风又与同光体有不同之处,其特立独行尤为可贵。

黄锡朋长子黄养和最为推崇的是陈三立,他在《读散原精舍诗》中这样引其父赞陈三立诗的句意而咏:“冥搜元化幽荒气,自浥灵根旷古姿。”陈三立当年居庐山牯岭,黄养和持诗稿登山至门下求教,一了多年夙愿。他在《谒散原丈》一诗中言“瓣香不负平生愿,湖山端居望俨然”。陈三立是江西义宁(今修水人),出身名门世家,为晚清维新派名臣陈宝箴长子,国学大师、历史学家陈寅恪之父。他比黄养和大了43岁,黄养和以“世晚请谒”,陈三立留他在家中用饭,并关切地问起眼前的这样“贤侄”在父亲黄锡朋逝世后家境如何。饭罢,黄养和取出早有准备的一册诗作给陈三立指评,陈三立翻视数首后,道出了他的直觉:“贤侄之诗,照理应传乃翁的家法,何至读来句调反似我?”对于诗坛泰斗级人物的陈三立对他的诗作在格调上的认领,黄养和谦逊地道:“晚辈何敢仰望长者?恳请赐教。”过了数日,黄养和收到陈三立的手稿以及退还的诗册,诗册中有陈三立批阅的红圈,以至黄养和奉之如此感慨:“竭念年之力,心摹手追,竟能得此,天不负我矣。”黄养和咏陈三立“开山妙手春秋笔,刻镂空灵乃尔工”,道出陈三立乃同光体的开山鼻祖,诗有如史笔之褒贬。陈三立后来还为黄养和的《镂冰室诗》题词:“情思沉挚,气息深静,构思沉挚,缀语峭洁,盖能脱凡近而渐进于古之作者矣。”

黄养和之弟黄次纯,也曾以诗寄陈三立而求教,陈三立评价其诗:“气清格逸。”黄次纯有《寄陈散原丈庐山》道尽仰慕之情。

都昌“三黄”与同光体闽派代表人物陈衍的交往也堪为诗坛佳话。陈衍(1856—1937),号石遗,福建侯官(今福州市)人。陈衍在民国十五年(1926)交付涵芬楼主人合刻刊行的《石遗室诗话》32卷蜚声文坛。《石遗室诗话》同时收录了黄锡朋、黄养和、黄次纯父子三人的诗作及评述,十分难得,是可以载入都昌艺文录史册的荣光。陈衍在《石遗室诗话》中如此论述都昌“三黄”诗风:黄锡朋“古诗皆选体,律诗妥帖排奡者居多”“绝不为皮里阳秋矣”。黄养和“风格似诗庐(指胡朝梁),而面目却肖散原(指陈三立)”。他在点评黄养和的《读近代诗钞有怀陈石遗先生》诗时云:“赠余诗多矣,往往非不及即太过,不如此首字字切实,包括余一生行藏。”黄次纯“诗无多,而可采者不鲜”。民国十一年(1922),黄次纯在南昌求学时曾寄一册诗求教于闽中的陈衍。陈衍很快回信,说其诗已“与时贤合”。黄次纯以《得陈石遗丈书》五言排律记叙了与陈衍之间的意会。他寄诗请教的起因,是品读报刊所载近代诗人作品后,被陈衍的诗艺所打动。陈衍教导黄次纯作诗应以诗意为中心,在具备胸襟的同时,兼顾句法、词语的选用与斟酌。在聆听陈衍教诲后,黄次纯“抠衣欲往从,寒波隔闽岛”,而终未果。

都昌“三黄”与当时诗坛大家夏敬观、汪辟疆、王易、王浩等都有唱和之作。从诗到远方,黄邦本村是处驿站。

蔡元培与都昌

余星初

实事求是地讲,蔡元培并未到过都昌,但都昌有两位人士走进他的生活和学术领域,是令他终生难忘的人物:一位是都昌籍女士黄世振(又名仲玉),她同蔡元培有过一段美满的婚姻,他们相濡以沫二十年,她全身心地、满腔热情地支持蔡氏的学术活动和革命事业,成为蔡氏的如意伴侣和贤内助;另一位是曾任蔡元培秘书的都昌籍著名学者高平叔(又名乃同),他牢记蔡元培嘱托,一诺千金,发起成立蔡元培研究会并任副会长,他放弃了自己经济学专业,从事蔡元培研究,为这位划时代的著名教育家、著名学者的著作、思想得以传播,立下汗马功劳。蔡元培未来过都昌,竟同都昌结下不解之缘。两位都昌人在蔡元培的生活和事业上如此密不可分,发挥着如此重要的作用,这令都昌人引以为荣,他们是都昌人的骄傲。

黄仲玉与蔡元培

对黄仲玉女士与蔡元培结为伴侣的往事,曾听黄氏娘家人、省文化厅财务处原处长黄孝刚谈过,按辈分,黄孝刚是黄仲玉的孙辈,称黄仲玉"姑婆"。他说:听先辈讲,仲玉姑婆是随父在外地长大的,她饱读诗书,写得一手工整小楷。由于天各一方,岁月流逝,他对姑婆的往事所知甚少。笔者近日逛新华书店,看见书架上摆着《国学大师丛书——蔡元培评传》,作者系南开大学历史研究所副教授张晓唯,由高平叔作序。这本书吸引了笔者的目光,于是购得一本。作者在后记中写道:"业师高平叔自始至终关心此项写作,多方给予指导,书稿草成,悉心审读,提出许多具体的修改意见,并欣然赐序,使我获益良多。"可见,这本评传浸润着蔡元培研究专家高平叔的心血。

该书第七章《家庭、品格及交游》中谈到蔡元培的第一次婚姻。1889 年蔡氏 23 岁,与王昭结婚。时过 11 年,王昭得肝病,留下两个不懂事的孩子,于 1900 年撒手人寰。于是,才有黄仲玉与蔡元培因缘际会的一段往事。评传专门做了叙述。借录如下：

许多乡人和朋友关心蔡元培的续娶，纷纷上门说媒。蔡提出五项条件：(一)女子须不缠足者；(二)须识字者；(三)男子不娶妾；(四)男死后，女可再嫁；(五)夫妇如不相合，可离婚。这些条件一经提出，媒人所荐者几乎无一合格，尤其是后两项，在那时的人们看来，显得悖乎常情，颇有些惊世骇俗。因此，人们闻而却步，蔡亦许久没有寻得合适的人选。后来，有位姓林的朋友告诉他说：江西都昌的黄尔轩先生携眷寓居杭州，黄的次女便是天足，且善(擅)长书画，不妨托人探询一下。事有凑巧，不久，蔡与童亦韩为筹办学校前往临安，路经余杭，天色已晚，遂到童相识的该县厘局局长叶祖芗府上投宿。叶热情款待，并出示所存字画请来客观览。其中的一张直幅扇页，所画工笔仕女精巧细腻，落款字迹亦十分端秀，款署黄世振。主人介绍说：这是我的同乡黄尔轩之女，她自幼得父亲钟爱，不曾缠足，且自学绘画，技艺不俗，经常卖画以维持家计，尤其讲求孝道，称得上是贤能之女。蔡闻听，当即表示倾慕之意，请叶祖芗从中玉成。叶则慨然以媒介自任，不出一个月，蔡即与黄女士订婚。1902 年的元旦，二人在杭州举行了婚礼。这是一个形式奇特、新旧参半的婚礼：一幅绣着“孔子”两个大字的红色幛子取代了浙江婚俗中必须悬挂的福禄寿三星画像，但新婚夫妇却仍依旧习，同行三跪九叩头礼，而历来的闹洞房惯例，却变成了一个规模不大的演说会。杭州学界人士宋恕、汪希、孙翼中、陈介石、叶景范等前来贺喜并发表即席演说。蔡元培在开场白中说：“夫妇之道，极正大，极重要，无可引以为羞涩，并无可援以为谐谑之理。而近世东南诸省，盛行闹房之俗，务以诡侧谑浪为宗，实不可解。然天下极谬误事，其中必有真理，此为哲学家名言。窃意古者女子于归，诸母有警戒之词；初到夫家，舅、姑及戚族来者，亦必有以教之。《颜氏家训》所谓教妇初来，此其义也。流传讹变，乃至如近日闹房者之所为。吾意欲改今复古，既承诸君不弃惠临，敢乞各以意赐教，当铭之神擎，永为矜式。”

看来蔡元培的标新，其意在“复古”，是要表明“极正大”的夫妇之道。在这个别开生面的演说会上，浙江名流陈介石引经据典，证明男女平等的观念，而另一著名学人宋恕则不无调侃地论证男女平等之不可能，他说：“倘黄夫人学行高于蔡先生，则蔡先生自应以师礼事之，何止平等？倘黄夫人学行不及蔡先生，则蔡先生当以弟子视之，又何以平等？”在此喜庆场合，对来宾的发言本不必认真，但它多少也反映出20世纪初中国知识界价值转换过程中的观念差异。蔡元培在致答词中表明自己的看法说:"就学行言,固有先后,就人格言,总是平等。"不妨说,人格平等是蔡男女平等思想中的核心内容,不论是在后来的社会实践抑或家庭生活中,他基本上依此行事。蔡、黄的婚礼,在当时堪称文明结婚的一个尝试,这固然与当事人的个性有关,但也显露了那个时代士林风气的某一侧面。

黄夫人,名世振,字浣芗,号仲玉。她与蔡元培共同生活了二十年,在蔡从事反清革命、留学德国、民国元年(1912)入阁参政,以及后来旅居海外、回国出长(任)北京大学(校长)这一系列重要活动中,始终作为一个贤内助,含辛茹苦,在精神上和实际生活中支持丈夫的事业。尤其是在创办上海爱国女学过程中,她发挥了非常直接的作用。蔡、黄婚后,携(王氏所出的)阿根、无忌二子同往上海,寓居新马路登贤里。随着社会风气的开通,女学日显重要。为倡行女子教育,当时同在上海的林少泉(白水)夫妇及其妹宗素,吴彦复及其女亚男、弱男,陈范及其女撷芬,韦增珮、韦增瑛姐妹,以及经莲珊等数人在蔡宅商议办学之事,蔡与黄夫人出面接待。其后,蒋智由又托请黄夫人召集薛锦琴、陈撷芬、夏小正等人再次协商兴学事宜。经过几次聚谈,大家决定开办爱国女学。最初由蒋智由任校长,后由蔡元培接任。这期间,黄夫人在女学中担任主要教员,成为爱国女学创办初期的骨干。

从1907年以后的四五年时间,蔡元培只身赴德留学,黄夫人则带子女回绍兴老家居住,这时他们已有了一双儿女:女儿威廉,儿子柏龄。辛亥革命以后,蔡回国即忙于政务,直到辞去北京(洋)政府的职务后才得以合家团聚。此后四年,蔡挈妇将雏,远走德、法,夫妇二人在海外度过了一段相对平静而愉悦的生活。自1917年始,蔡出任北京大学校长,举家迁居北京东城。从此,蔡元培悉心改革北大,成为五四新文化运动的风云人物,其操劳与繁忙自不必说。黄夫人是一位受中国传统妇德教育很深的女性,她比蔡小八九岁,却仰慕古代烈女,抱定为丈夫献身的决心。不论蔡元培进行秘密反清活动如何危险,也不论他在军阀势力的重压下苦撑教育文化残局怎样艰难,她都全身心地支持丈夫的事业和活动,全力担负起操持家务、教育子女的重任。同时,她同样不慕奢华,虽曾身居柏林、巴黎、上海、北京这样的大都市,却丝毫不染上层社会妇女的靡丽风习。蔡曾回忆道:黄夫人"对于北京妇女以酒食赌博相征逐,或假公益之名以鹜声气而因缘为利者，尤慎避之，不敢与往来。常克勤克俭以养我之廉，以端正子女之习惯”。1920 年冬，蔡元培将赴欧美考察教育，远行在即，黄夫人此时却病体沉重，延请法国医生诊治，病势好转。蔡怀着忧虑的心情踏上旅途。不料，黄夫人病情急剧恶化，于 1921 年元旦去世。九天之后，蔡在日内瓦得到噩耗，他在这天的日记中写道：“……我心甚痛，写祭亡妻仲玉文一首。今日此地举行葬青年军人病故者之典礼，有飞机游行湖面及空际，军乐队等在我窗前往还，观者如堵。人生无常，益令我悲念仲玉。”再度丧妻的打击，对于年已 55 岁的蔡元培来说无疑是沉重的，难怪他触景生情，哀叹这多舛的人生！时隔二十年，他又一次为亡妻撰写祭文，这内中的痛楚该不难想象。其祭文有云：“呜呼！仲玉，竟舍我而先逝耶！自汝与我结婚以来，才二十年，累汝以儿女，累汝以家计，累汝以国内国外之奔走，累汝以贫困，累汝以忧患，使汝善书、善画、善为美术之天才，竟不能无限发展，而且积劳成疾，以不得尽汝之天年。呜呼！我之负汝何如耶！……死者果有知耶？我平日决不敢信；死者果无知耶？我今日为汝而不敢信；我今日惟有认汝为有知，而与汝作此最后之通讯，以稍稍纾我之悲悔耳！呜呼，仲玉！”这是一篇感人至深的纪念文章，字里行间充溢着对病故妻子的挚诚哀思。该文后来曾被选为全国通用中学教科书的国文教材。

蔡元培得力助手黄世晖

媒体在记述蔡元培、黄世振（黄仲玉）结婚情景时，介绍说：“黄世振为江西名士之女。”这位江西名士就是江西都昌县金街岭大夫第黄炽昌。黄炽昌为清咸丰年间举子，授修职郎，署浙江温州府永嘉县二溪巡检。当太平军攻入浙江时，黄炽昌顺时参加了太平军。太平军兵败后，他在浙江杭州等地设私塾教书糊口，抚养众多子女，家境十分贫穷。穷人的孩子早当家，黄世振（黄仲玉）书画俱佳，与弟弟黄世晖（黄炽昌大儿子）共操家务、卖字画，以分担父母重负为己任。黄世振与蔡元培结婚后，黄世晖便成了蔡元培的重要臂膀和得力助手，在中国民主革命浪潮中奋斗一生。

黄世晖（1879—1929），号幼轩，是黄炽昌的长子，与姐姐黄世振（黄仲玉）一样，上有祖父母、父母，下有众多姐、弟、妹，幼年家里生活环境极为艰难。他读书敏慧出众，博学多才，但守分安命，谨身节用，以分担养家为己任，从商从贾，任劳任怨，有丰富的运筹机智、精打细算的经验与能力，以年富力强的热血与爱国情怀，追随着革命者投入振兴中华的革命浪潮中。在经济庶务方面，他成为蔡元培的重要膀臂和助手。辛亥革命前，凡蔡元培的各种革命活动，都有黄世晖的身影：他1902年与蔡元培、蒋智由等在上海组建中国教育会、爱国女子学校，助南洋公学退学学生组织爱国学社；1905年蔡元培加入同盟会并任上海同盟会会长期间，黄世晖承担了经济庶务职责。同年，光复会中的徐锡麟与秋瑾在浙江绍兴、江苏淮安等地秘密进行武装反清的起义活动，黄世晖协助营运枪械、筹款、联络会党。之后，他又助秋瑾创办《中国女报》，组织光复军；1907年秋瑾被捕牺牲，曾遗言"愿埋骨西泠"，他便助秋瑾朋友徐寄尘等买了西泠桥畔墓地，安葬烈士；1907年5月，蔡元培赴德留学，黄世振（仲玉）继任爱国女校教务期间，也是黄世晖负责女校财庶事务。他做事沉毅多智，恪尽职守，不为名不为利，甘愿默默无闻地投身于艰难繁复、无日无夜的工作，完全是因为倾心国民革命大业，旨在推翻腐败清廷，立志救民于水深火热之中。

1912年，中华民国成立，蔡元培被从国外召回，任临时政府教育总长。黄世晖被委任为教育部主事。政府北迁后，他把全家从杭州迁至北京。1917年蔡元培任北京大学校长，黄世晖被委任为北大会计课课长、北大校舍翻建主任，负责北大沙滩红楼建设等工程。当时教育部经费拮据，经常拖欠学校教职员的薪水。蔡元培为了整顿旧北大的体制及腐败校风，不仅为新设立的理工科、图书馆购置了大量的设备与图书，还为促进学术民主思想自由、贯彻美育、树立新文化成立了许多课外活动团体，如新闻研究社、哲学研究会、少年中国学会、新潮社进德会、画法研究社、书法研究社、音乐研究会等，皆需要或多或少的经费。黄世晖则力排万难，费尽周折筹措经费，力维大局，使许多课程项目所需费用得以解决，使活动得以顺利开展。黄世晖如此尽心竭力地办事，不仅仅只是因为姐夫蔡元培及进步教授的期许，更主要的是他同样对新文化、新思想、国家最高学府要呈现革命新局面而有着深切的向往。在这样一个浩瀚的革新天地中，他非常关注当时的政治气氛，憎恨北洋军阀政府对内强权、对外卖国的行径，衷心支持革命者敢于反压迫、反暴政，谋求革命新出路的行动。1920年夏，中国共产党创始人之一、五四运动先驱、北大教授、北大图书馆馆长李大钊同志等在北大研究马列主义，交流南北地方开展爱国民主运动的情况，商定了分头、多省市发展建立革命团体。活动引起军阀的注意,军阀派特务监缉。黄世晖机敏警觉,随机应变,数次设法支开参加会议人员,或去通知开会人员躲避,免遭特务的迫害。1927 年 4 月,李大钊不幸被奉系军阀张作霖逮捕。黄世晖愤慨万分,暗中多方营救。对共产主义怕得要死的军阀,不经任何审讯,当月就杀害了李大钊。黄世晖又挺身而出为李大钊料理后事及安抚遗孤,发起募捐。目前,在北京万安公墓李大钊纪念馆中,陈列的当年募捐名册,即黄世晖亲笔所记。近 30 年财会总务的经历,使黄世晖积累了丰富的经验,他精运算、善筹划、严制度、别差错、绝弊端。他廉洁奉公、治事严谨的作风,培养、带动、制约了不少同事与部下,其业绩卓著、诚心顺遂的声望日隆。他居住杭州时,工作兼顾绍兴、湖州、上海、南京。到北京后,他先后任中华民国教育部主事、中央观象台会计主任、北大会计课课长、故宫博物院会计主任、历史博物馆主事、中央大学会计科科长、清华大学基金委员会委员、北京大学秘书处会计组主任、中央银行顾问、北京图书馆会计主任等职。

黄世晖为人正直豪放,自奉微薄,不贪逸乐,克勤克俭。他在家孝敬父母,除平素无微不至的照顾外,其父母去世办妥墓地,当墓穴做好后竟亲自卧穴中多次,以体察是否潮湿,确认无虞后才令下葬。他对姐弟妹友爱、包容,大姐世振病重,姐夫蔡元培时在国外,治疗抢救他亲自看护,去世后亲自办理后事,照料她的一双儿女。因蔡元培没有自己的住房,回国后世晖把自己的住房拿出一半给蔡及其子女居住。当年中国缺乏传记文学,胡适等人劝请蔡元培写一部自传,蔡苦于工作繁忙无法动笔,便口述由黄世晖记叙,其文笔辞畅意赅,甚合蔡意。可惜黄世晖英年早逝,这部蔡元培的自传只记到黄世晖去世的 1929 年止。

在外,他对同僚坦诚无私大度、仗义疏财,对有困难者无不施以援手,或赠金,或贷款。他对下属、工友、杂役等收入微薄者尤为同情,遇有生孩子的家庭,即遣人送钱、送粮、送蛋;有病患缺医者,送药赠金;有老病逝者助丧葬;有急需求贷、求助者,几乎有求必应。久之,他被誉为黄善人、黄菩萨。

他对工作则全心全意、公而忘私,无不亲力亲为,尽妥尽善,以至用脑过度、睡眠少、食欲不振,常觉头痛顾不上就医,终于积劳成疾。1929 年 3 月北京图书馆成立,他任主事,开馆前,由他赴南京取印信,回京时遇火车出轨,在群情纷乱的险境中,他倾力保护印信,惊惧劳乏使得血压猛增,到京后头痛欲裂。但他仍服大量止痛药坚持上班到图书馆开馆,参加了全体职工拍集体照。几天之后的星期日早晨(3 月 17 日),他起床后先给朋友写了一封工作介绍信,准备洗漱时突然手臂失去知觉,身体不能自持。经医急救,被诊为脑出血致五官出血,不治而逝,时年仅 50 岁。

一位贤者,原有务实致用的才德,为民为公,鞠躬尽瘁,壮志未酬,逝世于劬劳任上,实为后人追忆痛惜。

高平叔与蔡元培

高平叔,笔者原来就听说过他的名字,知道他是都昌县多宝乡西高村人,知道他是一个大学者。但由于他长期在外,对他的学业、事业鲜有听闻。都昌县历史名人研究会名誉会长、都昌县原副县长易至刚,从上海寄来高平叔从事蔡元培研究的一些资料,我贪婪地读了几遍,如享受丰盛的文化大餐。现辑录如下(小标题有个别调整)。

1. 高平叔简介

高平叔(1913—1998),原名乃同,汉族,江西都昌人,著名经济学家、中国近代史专家、蔡元培研究专家。他是国际经济研究所(现商务部国际贸易经济合作研究院)创始人,在国际经济及对外贸易方面,著译颇为丰硕;尤在蔡元培研究方面用力最勤、成绩最多、影响最大。他曾担任近代著名民主革命家、著名教育家蔡元培先生的秘书,是中国蔡元培研究会重要创始人、副会长。

高平叔早年从事经济学研究,留学于美国哥伦比亚大学和美国新社会科学研究院,历任北平研究院经济研究所筹备主任及研究员、纽约中国国际经济研究中心执行主任及研究员、美国佛蒙特州立大学客座教授、中国国际经济所所长、南开大学历史研究所教授、北京大学兼职研究员等职。

高平叔早在 16 岁时就受知于蔡先生,后襄助蔡先生做研究工作,搜集整理资料,代拟文稿。蔡先生对他的作品竟是逐字逐句推敲。有人开玩笑地说:“你简直是蔡先生晚年亲自指导的一个研究生。”自从 1935 年蔡先生嘱托高平叔为他编文集和传记以来,高平叔先生已编著出版蔡元培全集、选集、注释本文集、传略、年谱简编等近四十册,计一千四百余万字。蔡先生的一些言行,高平叔可以说是亲耳恭听、亲眼所见、亲身经历。因此,高教授是撰著《蔡元培年谱长编》

最合适的人选。高平叔先生以年近九旬的高龄，为完成“蔡元培研究三部曲”（蔡元培全集、年谱长编、大传）而日夜拼搏。现全集、长编已面世，而大传尚未竣稿。惜天不假年，高平叔先生宏愿未完成而仙逝。蔡元培先生被尊为“学界泰斗，人世楷模”，高平叔先生为弘扬蔡翁精神，孜孜以求，重诚守诺，奉献终身，其道德文章、高风亮节也在学术界树起了一座丰碑。

2. **高成鸢：献身蔡元培研究的高平叔**

蔡元培先生是现代中国教育与学术的宗师，是华人世界中不分党派无人不敬的人物。曾有报刊刊载了天津南开大学教授高平叔先生的文章《六十年前的嘱托：我和蔡元培的一段文学因缘》，这是新出版的《蔡元培年谱长编》自序的一部分，交代了他受蔡元培先生亲自嘱托编全集的经过。接受嘱托时，高先生还是20多岁的青年，到他完成为《蔡元培全集》详加注释的伟大工程的1998年，他已变成耄耋老人。他把一生奉献给蔡元培研究，从1935年就下功夫收集整理资料，抗战爆发，积累的成果散失殆尽。高平叔先生说：“终天抱恨，莫过于此。”他本人的专业是经济学，已经卓有建树，他舍弃专业从美国归来，就为便于从事蔡元培研究。但“文革”中他又被下放改造，直到1977年北上，又经两年的奔走求援，始得定居天津。他痛心浪费了大好年华。

后来蔡元培的研究也要首先突破禁区，其标志是1980年北京举行蔡元培先生逝世40周年纪念会和北京大学成立蔡元培研究会。对于这两件事的促成，高先生起过重要作用。高先生深知自身使命的重大，他在编《全集》的过程中，给自己外加了撰著《蔡元培年谱长编》的艰巨任务。经过15个寒暑，近两百万字的巨著，终于与《全集》先后问世。学术界一致认为，《年谱长编》的难度和意义都超过《全集》。例如书中根据先烈杨杏佛之子提供的证明，破除了历史谎言，澄清了胡适先生退出人权同盟事件的真相。

此外，高先生还应各方面的需要，编写了众多的蔡元培专题言论集。我想：巨大的精力耗费必定会伤及老人的身体，以致缩短了他的寿命。主要使命勉强完成，他就离开了人世。我因供职于图书馆，眼看这位老者搬运大摞旧报刊埋头翻阅，助手也没一个，深受感动。加上我对蔡先生的崇拜和黄钰生老馆长的特别授意，我为他的事业奉献了一些业余时间。接到他家人的讣告电话时，我不禁想到某学者为他写的诗：蔡氏言行信足传，高翁秉笔竟遗篇。千金一诺情何重，心力抛残六十年。正是有高平叔这样的仁人志士，蔡元培先生开拓的民族文化现代化的伟业才能够薪尽火传，以至永远。

3. 高成鸢：先生之风，山高水长——纪念高平叔先生

于今，除去少数的先知，对于绝大多数人来说，人生是难以捉摸的，很少有人知道自己会有怎样的命运，只有在蓦然回首时，才惊讶地发现，自己踏出的原来是这样一条人生的轨迹。

我就常常疑惑，我不是想做将军的吗？我不是学管理的吗？我怎么会走上了学术研究之路？把三十多年的人生历程认真检视一下，我终于慢慢地想通了。不论你走的是哪一种人生路，只要你细细思量，就会明白，一点点偶然，一点点机缘，铸就了今天的必然。1986年，我十六岁，正值求学的年纪，突然接到一项任务，去帮一个叫高平叔的南开大学老教授整理东西。那时的我少不更事，不知道高平叔是何许人也，心想：教授大概就是一个戴着老视镜的白发苍苍的老头儿吧。到了高先生家中，我确实吃了一惊，倒不是高教授的形象与我的想象有什么差别，只是觉得这屋子太小、太旧，里面又塞满了书，我还从没见过有人家里有这么多的书！高先生从书堆里站起来，很和善地招呼我。我这时才知道，我的任务就是帮他整理书籍和资料。高先生那时已七十多岁了，每天从早上到深夜只是钻在书堆里，偶尔探出身来，让我帮着看看稿件、查查资料。那时的我，满脑子本来都是军事和战场，现在整日盯着一堆书和在一个在书中自得其乐的老头儿，觉得好生奇怪。两个月过去了，我的任务完成了，但高先生要求我再多留些日子。我又在高先生身边待了四五个月，在这段日子里，高先生与我的交流多了起来，我知道了他家里的一些情况，原来他的妻子是刘海粟的学生，在“文革”后不久就去世了。谈起这些，高先生总是忽而伤感，忽而快活，手中还不时摩挲着他妻子的画作。在这段日子里，高先生交给我的任务也多了起来，查资料、校稿件，忙得我不亦乐乎。的确，当时我很快乐，我已经喜欢上了这个老头。我要回部队了，高先生临别时送了我两样东西，一样是《蔡元培文集》一至五卷，是他的学术之大成，至今还在我的书柜里；另一样是一本集邮册。后来，只要到天津，我还是会去看望高先生，但总共也只有三四次。后来，我知道了高先生的价值。高先生早年从事经济学研究，留学于美国哥伦比亚大学和美国新社会科学研究院，历任北平研究院经济研究所筹备主任及研究员、纽约中国国际经济研究中心执行主任及研究员、美国佛蒙特州立大学客座教授、中国国际经济所所长及研究员等职。在国际经济及对外贸易方面,高先生早已是有成就的学者,著译颇为丰硕。然而,1979 年他却放弃自己的专业而全力以赴地转向蔡元培研究及其著作的挖掘整理,个中缘由,只为一诺。原来高先生十六岁那年,也见到了一个大人物,即蔡元培。那时高先生还是一名中学生,而蔡元培已 62 岁,二人接触之后,交往日深。1935 年,蔡先生提出让高平叔为他搜集和编辑一部文存。在之后的六十年中,高先生编订蔡元培"全集""选集""文集""书信选"以及"传记""年谱""年谱长编"等近 30 种,总字数达一千万以上。此外,高先生还把蔡先生一生的言行,列为几十个专题,分别独立成篇地进行研究,写出论著 40 余篇。有学者评价说:"高平叔的一言承诺,决定了他一生的经历,而且到了义无反顾、无私奉献的地步。他这一生,几乎皆为蔡先生奉献,这样执着的'傻人',真是举世难找第二人!"后来,到了 1998 年,高先生去世了,而我因为出了车祸,躺在病床上,没能为他送别,但我知道我在他身边短短的几个月,在我一生中的分量。

4. 高增德:记高平叔及其蔡元培研究系列

在《蔡元培年谱长编》自序中,高平叔先生讲道:自 1935 年受蔡元培先生嘱托以来,他六十年如一日,信守诺言,已经编订蔡元培"全集""选集""文集""书信选"以及"传记""年谱""年谱长编"等近 30 种,总字数达一千万以上。此外,高先生还把蔡先生一生的言行,列为几十个专题,分别独立成篇地进行研究,写出论著 40 余篇,计划结集为《蔡元培的生平及其事业》。当高先生实现了"向中国历史交卷,亦向中国伦理道德交卷"之时,他本人已届耄耋之年,85 岁高龄了!

初见蔡元培

1929 年秋天,高平叔陪同叔父高耀堂去看望蔡先生,时年高平叔才 16 岁,且是一名中学生,而蔡氏已 62 岁。这位德高望重的学界泰斗,对待年少的中学生竟谦恭有礼;而他却初生牛犊不畏虎,在蔡氏面前敢于就当时的文化与教育大胆发表自己的见解,蔡先生不仅不反感,反而听得十分认真。就这样,高平叔开始了与蔡先生的接触,逐渐了解、认识和研究起蔡元培的经历及其业绩来。1935 年,蔡先生提出让高平叔为他搜集和编辑一部文存。

一诺千金

对于此事的起因，高先生曾这样深情地回忆道："那是1935年8月5日以后的几天里，我陪蔡先生在上海兆丰公园（现为中山公园）散步，由他口述'五四'以后的经历，我记录，然后整理出一个初稿。不久，八一三事变爆发了，我长期流徙后方各地，衣物、稿件散失殆尽，因而《蔡元培文存》的编印和《蔡元培传》的撰写工作不得不中途停顿。一直到1943年，重庆各界纪念蔡先生逝世三周年，我才赶写出一本《蔡元培先生传略》，由重庆商务印书馆出版。从那以后，我无时不想到蔡先生生前的嘱托，无时不为《文存》的流产感到遗憾。但是多年来，我奔波于国内外，生活动荡无常，材料不易集中，使得我无从着手。1979年春，我到北京后，全国政协特于1979年5月17日召开'征集蔡元培史料座谈会'，到会者，除胡、吴、王、徐、无忌和我外，尚有钱昌照、何思源、钱端升、陈翰笙、顾颉刚、李平衡、戴伯韬诸老。……他们一致劝我放下经济专业，集中时间和精力，完成蔡先生1935年的嘱托。"高平叔的一言承诺，决定了他一生的经历，而且到了义无反顾、无私奉献的地步。正如一位学者所评价的："他这一生，几乎皆为蔡先生奉献，这样执着的'傻人'，真是举世难找第二人！"

十年磨一剑

"蔡先生何其有幸，在晚年获得这样一位知己！"（陶英惠，历史学家。语见台湾《传记文学》1995年7月）。十年磨一剑，高平叔先生于1979年重新从事蔡元培研究时，已年近七旬。他首先从编辑《蔡元培全集》开始，到1989年由中华书局推出七卷本的《全集》时，高先生已快八旬了。《全集》三百多万字，收录遗著两千六百余件，据说在编辑《全集》和编撰《年谱长编》过程中，高先生又发现蔡先生佚文五百多篇，这样又为《全集》续编补遗扩充了文献史料，是为喜讯也。

高先生为编《全集》可谓是"十年磨一剑"，倾注了他十年的心血。在《全集》搜集资料过程中，北京、上海、天津、南京、杭州、绍兴、厦门、福州、济南、西安、长沙、广州、香港、东京、纽约、巴黎等地的朋友几乎都被他调动起来给予支援；他在各地的图书馆、档案馆、博物馆、文史馆以及蔡元培亲朋好友间展开了近乎地毯式的搜检。以上工作，均由高先生亲做谋划与指挥，他本人也亲力亲为，仅在上海华山路蔡元培故居，一蹲就是半年多时间。为整理和抄录蔡先生全部日记，对于存放的40多个箱箧，他都亲手搬上搬下，一纸一字地阅读。在第二历史档案馆查阅资料时，正值酷夏，南京之酷暑犹如“大火炉”烘烤，然而高先生却在馆内待了一个夏天。作为一位年高的长者，其经久耐劳的精神给周围的人留下了难忘的印象。当资料搜集到后，他又以数年时间，以每日投入十数个小时的辛劳，考辨真伪，校勘疏漏，识别错、衍、异、古字，勘定写作时间，比较不同版本，编排时间顺序，誊抄为简化字体，其烦琐之具体程度，其文字数量之巨大，实令无毅力、无韧性的人望而却步。高先生经过十年坚韧不拔的努力，首次完成了这部具有权威性的《蔡元培全集》，深得海内外学术界的赞誉。

十五个寒暑

高先生在编辑《全集》的同时，又产生了编一套分专题的《蔡元培选集》的愿望，按学科分为教育、美育、哲学、史学、政治、语言文学、科学技术等专题，独立成集，分别由几家出版社出版。所以要这样另编，主要考虑到《全集》按时间顺序混合编排，不便于专业学者使用，又难于在短期内面世，为此《全集》与《选集》纵横兼顾，颇可满足学术文化界的不同需要，于是有此举。

高平叔先生在着手编辑《蔡元培全集》时，也在着手撰著《蔡元培年谱长编》。《长编》分上、中、下三册，三册共计180万字以上，是目前最详尽的一部有关蔡先生生平及相关史实的巨著。

这部《年谱长编》，较之1980年所出《年谱》(简编)，在数量上增加篇幅不下十七倍以上，在内容上所扩充之重要史实比原来的规模也大大丰富了，无论是蔡先生的日记、书札、函电，还是与蔡先生有交往的重要人物之史料，在《年谱长编》中均有大量的辑入；关涉蔡先生教育主张和教育思想的文献更注重详尽的编摘和阐发。

关于蔡元培与北京大学的关系，高先生不仅在《年谱长编》中有重点突出的记载，而且撰写有长文专论蔡先生在北京大学的实践贡献及其时代性的影响。他着重指出，蔡先生深受19世纪初期柏林大学的创建者威廉·冯·洪堡和那个时代的影响，并结合中国当时的现状，主张学术自由、兼容并包，提倡学术民主。

拼力十四卷

高平叔先生在先后操作《蔡元培全集》《蔡元培年谱长编》等大型项目期

间，又产生重编《蔡元培文集》繁体字印行的念头，于是与台湾学者陶英惠先生在1989年1月开始了注释本十四卷《文集》的合作项目，即将原七卷《全集》和九卷《选集》，另编一套注释本十四卷的《文集》。这部《文集》，由高平叔任主编，副主编为萧超然、陶英惠，经过七年多的高先生所说的“拼力”和陶先生等在台的多方斡旋，终于面世。这部《文集》实际上是《全集》，其中最重要的特色是弥补了本文前边提到的遗憾，首次公布了蔡先生日记二卷。这样，这部《文集》成为迄今为止有关蔡元培遗著的最为完备、最负责任的一次整理。

高先生自称为完成这部《文集》是“拼力十四卷”，可见其投入精力之巨大。他除负责主编外，还具体承担了其中书信、自传、日记等六卷的注释文字，其工作量之重、难度之高，对一个老迈之躯讲，也实在有如竭尽全力的拼搏了。在这期间，老人曾有病在身，仍然躺在床上口述。老伴病重以至离世，其中艰难辛酸确难以为外人道，也不能不说是拼着老命在奉献了。

可告慰于蔡先生英灵的是，这部十四卷的《文集》竟在海峡两岸学术界、出版界达成了一致共识，这也正好是对高平叔先生六十年来一直为实现蔡元培先生重托的最高褒奖。

郭沫若写都昌伯农墓志序

刘章高

都昌土塘钟麓村有座伯农墓，墓碑宽大，高一百五十厘米，宽一米，上弧下方，弧下雕刻双鲤腾跃图。碑文为《李公伯农先生墓志序》，由郭沫若1937年所撰。《序》曰：

丁丑秋，抗日战兴，予间关西渡。幼农君由牯岭来书，恸述伯子之丧，嘱予为文，以志其墓。予于轰炸中讨生活，何敢言文，但以幼农君之友爱，犹子异三，复与予为小朋友，行不敢辞，谨案状。

先生系出陇右，世居都昌钟麓村。梓亭公冢子，乾元公长孙。性纯朴，内方外圆。素嗜饮，不及乱居，恒慕颜习斋。李刚主，为人亹亹然，动皆中节。甲午中东之役，先生以清诸生上书大府，内有不变法不足以图强，变法须自废八股，停科举始。其高瞻远瞩，有过人处。丙午，先生毕业江西优级师范。厥后办理教育行政四十余年，绝不以功利之见分其心。知所先务，可以风矣！

先生生于清光绪丙子年九月初一日申时，殁于民国丁丑年二月十三日申时，葬大畈上祖茔之侧。生子一女四。谨志。

蜀人郭沫若谨撰

此文是1937年八一三事变后，上海沦陷前，郭沫若刚由日本回国不久，在上海投入救亡运动时所作。时值日寇正对上海大举进攻，上海处于战火之中，也就是郭沫若“间关西渡”“于轰炸中讨生活”之际。李氏家族在当年11月接到序文后，即由李伯农姻弟黄建中先生书于墓碑之上，同月30日（农历十月二十八日）立碑。

墓志行文精练，给李伯农的生平以高度概括。

那么，蜀赣迢迢，十年流亡，郭沫若归国之时，何故如此熟悉李伯农生平，又于轰炸中案状谨志？这是有一番曲折的。

李伯农（1876—1937），有一五弟幼农（1888—1939），是个有识之士，青年时代，由南康府中学（原白鹿洞书院）升入省学，后考取北京文官。在进步思想的影响下，他从 1921 年始，走上了革命的道路。

1923 年至 1925 年春，李幼农任“江西省农会会长”。1926 年秋，轰轰烈烈的北伐战争爆发，李幼农在广州投入了第一次国内革命战争。也正是从这时起，李幼农与郭沫若戎马相识，结为好友。当时，郭沫若任“北伐军政治部秘书长”，李幼农任“北伐军第三路总指挥机要秘书”。两人志趣相投，年龄相近（李比郭大四岁），工作上经常联系，互相照应。他们均怀壮志，交往坦然，从文学谈到革命，从小家谈到国家，关系甚为密切，友谊日益深厚。

他们携手随军北伐，克武昌后，郭沫若任政治部副主任、代理主任，李幼农回南昌创办国民党南昌市党部机关报《贯彻日报》。次年，四一二反革命政变爆发，郭沫若在武汉《中央日报》发表檄文，李幼农以《贯彻日报》为阵地，二人紧密配合，痛斥蒋介石的反革命行径。蒋介石大动肝火，下令通缉郭沫若、李幼农，查封《贯彻日报》。

1927 年秋，郭沫若和李幼农毅然参加了八一南昌起义。二人同时随军南下，打到广东。当时，李幼农任起义军政府革命委员会秘书科科长，郭沫若由周恩来介绍入党。起义军行至潮州、汕头时，突遭反革命武装钱大钧等部的残酷“围剿”。起义军虽顽强血战，但终因寡不敌众，惨遭失败，大部分将士壮烈牺牲。李幼农虽幸存，但于长途征战及溃散中重病缠身，终与残留部队失去联系。10 月，几经周折，李幼农偕郭沫若、谭平三等人同路颠沛上海。之后数月，李幼农与郭沫若的关系更亲密了。次年 2 月，郭沫若东渡日本，开始十年的流亡生活，李幼农依依不舍，挥泪送别。

此后十一载，为寻求光明，李幼农辗转上海、江西、南京、广西等地，风尘仆仆，岁月维艰，于 1939 年 8 月忧郁而逝，蒙江西旅桂同乡会捐款，草草入茔，就厝于桂林异乡一抔黄土，年仅五十一岁。

在与李幼农长达十几年的交往中，郭沫若不但对幼农诚挚以待，而且对幼农的大哥李伯农，也深为器重。

李伯农比郭沫若大十六岁，郭沫若视为长兄，很赞赏他的高瞻远瞩和为国兴教的举措。伯农在南昌时，郭沫若曾偕幼农从武汉专程前来拜望。之后，二人常有交往。

伯农出身于书香门第，祖辈、父辈都希望他科举高中，入朝为官，而他却以民族安危为己任。他生长的年代是内忧外患的半殖民地半封建社会时期。甲午战争爆发后，他渐渐看清了清廷的腐败和危机。光绪二十年(1894)，他结识了一批志士，联名上书知府，力陈“不变法不足以图强，变法须自废八股，停科举始”。他认为，欲图国强，先要唤醒民众；而要唤醒民众，当以改进教育为首。

光绪三十二年(1906)，他读完江西优级师范，放弃了被选拔留日深造的机会，以信奉的“经世致用”为国兴教。

他在南昌大同中学教过书，任过国民政府江西省教育厅科长，是民国元年(1912)首任都昌县教育局局长。

面对千年陈腐的私塾化，李伯农从基层做起。他在源头港创办了都昌第一所私立广智高等小学堂，一反旧制，开设新学，宣传五四新思想，宣传俄国十月革命的经验，抨击旧制度，成为全县一面反帝反封建的旗帜。之后，他又在都、湖、彭、鄱四县交界的陆家祠创办了都昌东北高等小学堂。他劝弟“有钱应当办公益，何须买田?”其愤世嫉俗，由此可见。

1926—1927 年，李伯农任省教育厅科长时，决心让新学在全省全面开花、结果，但因弟是八一起义的参与者，面临捕杀，他被迫辞职，重返都昌。

在重任都昌县教育局局长时，他创办了都昌县师范讲习所、都昌县乡村师范、都昌县高等小学堂，并亲任所长、堂长，培养了数百名教师，置办了相当规模的设施，为之后的都昌县立中学和湖口师范奠定了基础。

他重视全县的新学普及教育，将千年私塾首转成国办义务教育，发展了一大批农村高小，如知名的马涧桥小学、土塘小学，等等。

他培育了大批英才，如冯任、刘肩三、李新汉、刘燕、黄醒民等，后来这些人都成为江西省和都昌县的革命领袖人物。

1937 年农历二月十三，李伯农病逝，享年六十一岁。其终生兴教，为国治学，上下求索，不以功利分心，成为都昌近代史上一位德高望重的先贤。

在郭沫若流亡日本时，适遇伯农之二弟仲农之子李异三也在日本留学。朋友之晚辈，同是中国人，郭对异三格外亲切，结为小朋友，二人相交甚密。抗日战争爆发后，为了拯救祖国，郭沫若和李异三同返故土。李异三来到郭沫若的故乡——四川，在重庆军事委员会杂志社当编辑。他经常撰稿请郭沫若赐教、评阅，有时请写序文，两人感情愈深。

正当郭沫若奔波于抗日救亡大业时，接李幼农庐山来信，惊悉伯农病逝噩耗，郭沫若非常悲痛。此时，虽无安静的写作之所，但一种强烈的缅怀之情、敬仰之心和好友的一番挚意，使他倾心而动，谨案状文，一口气写下了三百多字的《李公伯农先生墓志序》。

此碑如同青史，铭载着中国近代史上一位风流人物，也为都昌留下一串曲折传奇的人文佳话。

郁达夫诗赠胡元辐

汪国山

享誉现代文坛的著名文学家、革命烈士郁达夫曾为都昌土目益溪舍胡氏家族的胡元辐写过一首寄寓彼此深情的七律诗，胡元辐的女儿胡毓华将此珍贵史料写进了她的回忆文章。近年来，郁达夫研究领域对此也有认可。

郁达夫与胡元辐的交往发生在1913年的日本东京。胡元辐是清代进士胡廷玉的三儿子，13岁时便随其兄胡元轼留学日本六年多，1913年东京高等师范学校毕业后回国。比胡元辐要小2岁的郁达夫于民国二年（1913）随长兄郁华赴日本留学，17岁的郁达夫初来乍到，与在日本已留学多年的19岁的胡元轼一见如故，他们谈得最多的是古诗词。胡元辐在日本留学时用化名胡浪华，尽管此名其后裔并未听说过。郁达夫在《东京忆旧》日记里叙及俩人的首次见面，言“论诗多时”。郭文友先生撰写的1996年10月由四川人民出版社出版的《千秋饮恨——郁达夫年谱长编》中有“……夜校同学中，有一位东京高等师范学校的中国留学生，江西人胡浪华，郁达夫与之一见如故，结下了深厚的友谊”的表述。郭文友的此处年谱资料来源为《新发现的郁达夫佚诗〈寄浪华南通〉》一文。此文云：“浪华姓胡，乃江西省人。1914年左右在东京高等学校学习期间，曾进英语夜校补习英语，因与同岁郁达夫相识结交。他才华出众，娴于诗艺，常与郁达夫‘驿楼樽酒’论诗文，相偕度过了许多美好的时光。浪华与郁达夫在东京分手后，应是到了南通。《寄浪华南通》把他俩的深挚友谊写得十分真切动人，一定是客居南通的浪华颇多感慨，于是乎不肯独自欣赏，而要公诸当地报端了。”

郁达夫的《寄浪华南通》发表于1917年江苏南通的《通海新报》副刊版《报余杂俎》。原诗为：

重闻消息反潸然，别后飘零又几年。
世上人谁知子直？井中蛙但识天圆。
订交犹记红兰谱，说怨曾通白雪弦。
我亦江湖行役倦，商量回马梦游仙。

在胡元辐的女儿胡毓华女士89岁留下的回忆录《书香门第之少小印记》一章中言："回国后郁达夫曾专程到都昌老家寻找父亲，不遇，遂留诗一首相赠……"胡毓华所记郁达夫赠给父亲的诗与98年前的民国初年报刊所发原诗，只有两字同音而有不同的写法："红蓝谱"成"红兰谱"，"行已"成"行役"，很好理解应是同音别字造成的。

胡毓华2015年前后写回忆录时，肯定是没有机会看到报刊乃至网络上有郁达夫此诗的，她的《少小印记》也肯定不是来自父亲本人的讲述，因为她是父亲的遗腹女。胡毓华和胡家爱好诗词的姐妹胡清华等小时候都能一字不差地背诵出郁达夫的这首诗。胡元辐没有留下自己刊印的诗集存世，其存家的诗作手稿全毁于"文革"。马超英教授回忆，家中的书稿一部分被人抄家毁弃，一部分被母亲付之一炬。那么，胡毓华能背诵郁达夫一诗，要么来自母亲的传授，其母秦宜容娘家也是都昌北山石头巷的书香门第；要么来自父亲遗留下的诗抄本中。

胡元辐的后代在此诗尚未广泛收录和解读的情况下，能背得出来郁达夫的赠诗，这是郁达夫的《寄浪华南通》就是寄给胡元辐的最有说服力的印证。至于"郁达夫曾到都昌来访胡元辐未遇而赋诗"一说，在胡家也是千真万确地流传下来，其间细节的探微，留待郁达夫研究者去印证。

我们是否可以揣摩郁达夫原诗，做另一种解读：郁达夫并未到都昌，而是如诗题所示，寄托诗情给在南通的密友胡浪华（胡元辐）。郁达夫写此诗为1917年，其时胡元辐正在江苏南通著名教育家、实业家张謇门下谋事。郁达夫诗题《寄浪华南通》直指浪华所在地"南通"，应不会贸然而来胡元辐的家乡都昌益溪舍造访。更何况郁达夫1917年还在日本留学，即便短暂回国探友，千里迢迢，舟车劳顿，性情中人的郁达夫一定会在诗文或是日记中留下些许记载，后人所编其年谱对郁达夫赣北之行也会录入；或是赠诗中会有寻访不遇的遗憾表达，会有鄱阳湖都昌风物的触景生情。综观全诗，开篇就是"重闻消息"入诗境，应该是1917年他在日本留学，听到久无联络的挚友胡元辐（浪华）在南通的消息，赋诗一首以解思念之苦。当年俩人曾有兄弟结拜之情。"红兰谱"而非"红蓝谱"，此处"兰"不指颜色为"蓝"，而是指兰花，这样理解才好与下句的"白雪"对仗。至于尾联"我亦江湖行役倦，商量回马梦游仙"，表达了郁达夫漂泊异国他乡已生倦意,筹划着回国纵情山水,怡然自得。至于“潸然”“世上人谁知子直”等诗句,或也可揣测是胡元辐修书给老朋友郁达夫,或是以诗寄怀,表达他离开日本后的人生困蹇与失落。胡元辐怀才不遇且被身边眼界狭隘的井底之蛙式的人物诟病,才使郁达夫发出诗中感慨。

无论郁达夫是否到过都昌,他曾为都昌人胡元辐留下过一首赠诗应是可信的史料,都昌的文艺史,乃至都昌的志籍上,应该郑重地记下一笔。

田英与大港红色山区

刘发茂

田英(1908—1938),原名黄万生,又名黄水泉,乐平县(今乐平市)镇桥乡坑口黄家村人。他5岁时与母亲一道被其父黄为君卖与邻村胡水仂,遂更名为胡万生。田英在胡家读私塾四年,因家贫辍学,后随继父外出帮人做长工。1927年8月,乐平镇桥等地有共产党秘密活动,18岁的田英积极投入革命,并于当年加入了中国共产党。

1928年,田英奉组织派遣,到乐平鸣山煤矿,以挖煤做掩护,在工人中秘密开展革命活动。1930年3月18日,田英参加了鸣山煤矿暴动。由于他英勇顽强,暴动胜利后被选为煤矿工会负责人。5月,他又被选为乐平县总工会常委。1930年8月,赣东北特区总工会筹备委员会在弋阳县成立,田英当选为筹备委员会委员。11月,乐平众埠街召开了13县雇农代表大会,田英又被选为赣东北特区雇农总工会委员长。同月,红十军向弋(阳)横(峰)方向转移,田英离开乐平到葛源。不久,国民党第五师血洗乐平,田英的母亲和继父均惨遭杀害。敌人的暴行更加坚定了田英的革命意志。1931年5月1日,田英当选为赣东北特区总工会常委、青工部部长,11月又当选为赣东北苏维埃政府执行委员兼劳动部副部长。1934年1月,田英作为闽浙赣省苏维埃代表团成员,去瑞金出席了全国苏维埃代表大会,并被选为中华苏维埃共和国中央执行委员会委员。

1934年4月,田英与省委委员柳真吾等一道奉命到赣北开辟新苏区。6月,新的苏区向彭泽和安徽东至方向发展,中共赣北特委决定将彭泽县委扩建为彭(泽)、湖(口)、都(昌)、鄱(阳)、东(流)、至(德)、望(江)7县中心县委,田英为县委委员兼少共中心县委书记。6月,中共皖赣分区委和彭泽中心县委均遭破坏,田英根据省委指示在都湖鄱彭边境的武山一带——都昌大港望晓源组织力量,开展游击斗争,并建立中共都湖鄱彭中心县委,任书记兼工农红军都湖鄱彭游击大队政委。在田英的领导下,至1935年底,这一游击区扩展到鄱阳黄龙港、谢家滩、石门街,彭泽上十岭、严家山、定山,湖口棠山、刘泗桥,都昌徐埠、汪墩、三汊港、土塘、大树、新妙、春桥，东至上下蔓，将彭泽浩山、湖口剑山、鄱阳黄金山、都昌武山与阳储山连成一片，纵横200余华里，以武山为中心开始了艰苦卓绝的游击战争。

1935年5月，为了消灭国民党驻张家岭的一个保安中队，趁多数敌人到外村吃酒之机，田英率领游击大队埋伏在敌人回据点的必经之路两旁，另派少数人攻打据点。当敌人听到据点枪声之后，立即回据点增援，区公所所长骑马在前，被游击队活捉，其余敌人亦被游击队击溃。碉堡里的敌人看到增援无望，纷纷缴械投降。这次战斗共毙敌30人，俘敌32人，缴获长、短枪60余支，烧毁敌碉堡一座。

1935年7月的一天晚上，游击队处决了山下一个地主的老婆。次日，国民党派驻张家岭中队，在九江和孤山的国民党军配合下，三面围攻游击队。游击队依托筲箕山易守难攻的有利地形，集中兵力，在田英率领下，将三股敌人各个击破。经过几十分钟的激战，张家岭中队丢下10多具尸体败下阵来；九江之敌，刚一交锋，就纷纷后退，说碰到了红七军团；孤山侧翼敌听说红七军团来了，也闻风而逃。

1935年8月，驻大港的国民党保安16团的两个排，趁田英率部外出做深入群众、扩大根据地的工作之机，对武山根据地中心望晓源附近群众，进行血腥镇压。田英得知消息后，即率游击队迅速返回望晓源。正赶上国民党都昌保安队驻大港的何清、段奎两个排进山“围剿”。田英率领游击队、赤卫队40余人，埋伏在大港至望晓源的必经之路侧家山。当敌人进入伏击圈后，田英指挥队伍全力出击，当场毙敌2人。除1人逃跑外，何清排21人全部当了俘虏，缴获长枪24支。段奎不敢上前增援，带队撤回。

1935年9月，田英、匡海龙率游击队2个中队去打土豪，在源头港抓到了县自卫大队孙麻子和7个土豪的儿子。在返回望晓源时，游击队与国民党保安队遭遇。游击队抢先占据有利地形，先发制人，打死敌士兵10人，俘敌8人，缴获步枪18支。

1935年9月12日晚，田英为了消灭国民党驻张家岭的独立36旅的一个连，采取了调虎离山打伏击战的方法：在曹炎村商贩曹克柳店铺前放火烧掉了一堆稻草，引出张家岭碉堡里的敌人50余人。当敌人行至姊妹塘至罗家山路段时，埋伏在罗家山的游击队首先开火，切断其退路。紧接着，埋伏在姊妹塘的游击队员给敌人以迎头痛击。碉堡里的敌人听见枪声又匆匆派出30余人进行增援，该增援之敌把游击队当作自己人，结果又被游击队全歼。这次战斗，共歼灭国民党官兵40人，俘敌45人，缴获长、短枪80余支。

都湖鄱彭游击大队在不断打击敌人的斗争中，锻炼壮大了自己的队伍，至1937年，已由原来的50多人发展到160余人，武器装备也从缴获中得到改善。

1937年12月，为了抗击日寇，根据中央分局和皖赣特委的指示，田英率领150余名游击队员离开都昌，开赴浮梁瑶里参加改编。部队改编为新四军1支队2团3营7连后，奉陈毅和特委指示，田英又转到地方工作，负责组织抗日救国宣传队，分别到祁门、休宁、至德、婺源、浮梁等县进行宣传发动工作，动员了200多名青壮年到瑶里参军抗日。1938年1月，田英经陈毅和皖浙赣特委副书记李步新同志的安排返回都昌，于大港设立了新四军驻都昌办事处，并任办事处主任，党内仍为都湖鄱彭中心县委书记，继续领导四县的抗日活动。

田英在都昌组织武装斗争数年，曾根据人民的要求，处决了一些为非作歹、鱼肉乡里的土豪劣绅和反革命分子。因此县国民党当局的顽固派对他恨之入骨，表面上碍于国共合作的大局，对他予以承认，暗中却千方百计欲置田英于死地。田英在胡家曾名胡万生，参加革命后改称黄万生，到赣北后才化名田英。国共合作文件备案时，他认为没有必要再用化名，就用真名胡万生备案，但人们仍习惯称他为田英。此举让国民党顽固派钻了空子，他们散布谣言，诬告田英部仍在地方打土豪，破坏国共合作，国民党江西省政府即复电称新四军查无田英其人，下令将其部歼灭。1938年清明节前一日（4月4日）与田英有杀母之仇的都昌常备自卫大队李运辉率第二、三中队，与田英有杀子之仇的湖口县第三区区长张旭辉率区一分队，加上大港一个分队共300余人，相约连夜突袭新四军都昌办事处，分三层包围了仅有7人的办事处。5日清晨，办事处炊事员郑玉太开门挑水，即被敌尖兵掳去。发现敌情后，办事处工作人员邵荣兴持枪冲了出来，又被敌人开枪杀害。这时办事处只有5人，在寡不敌众的态势下，田英等不幸被俘。办事处的办公用品、抗日经费及枪支弹药也被国民党顽固派分子瓜分一空，田英等6人被押送到敌一分队的碉堡里，李运辉当即丧心病狂地亲手将郑玉太、丁大倪、刘国均3人枪杀。4月6日，李运辉得知爱国民主人士李幼农先生将出面保释田英，于是抢在李幼农赶到之前，将田英等 2 人押往大港后面的狮子山脚下杀害。这伙刽子手在杀害田英后，为掩饰罪行，竟在上报文件中无耻地把杀害田英的时间改动，并谎称是“剿匪”中打遭遇战杀死了田英等人。

根据地人民听到田英被杀的消息后，无不悲痛欲绝，并为他做了一口棺材，将其尸体掩埋在武山山麓，表示对田英同志的深切悼念。田英等同志牺牲的消息传到赣南新四军时，陈毅同志十分悲愤，说田英“往来于景德镇、都昌之间做统战工作”，是“赣北鄱阳、湖口、彭泽、都昌一带的领袖”。中共中央机关报《新华日报》先后发出消息和社论，对国民党政府蓄意制造借口、破坏国共合作的行径表示严正的抗议。

石凌鹤力挺都昌青阳腔

程　鹏

著名革命家、剧作家,原江西省文化局首任局长石凌鹤同志,于1906年6月20日诞生于江西乐平县太田村“乐陶山馆”。

我深受石凌鹤局长的教诲,从一个默默无闻的都昌县文化馆干部,成长为全国的文化艺术先进工作者,并上天安门观礼。在石凌鹤同志100周年诞辰之际,我特写此文,以资纪念!

南昌初见面

我认识石凌鹤局长是1955年。这年3月,省文化局召开全省文化行政工作会议和文化馆长会议,我参加了。会上,石凌鹤同志来到九江组参加讨论,他听了我对都昌的文化工作汇报,很感兴趣,并约我了下午3时到他办公房间去一下,我当时很是感动,心想:能得到石凌鹤局长的教诲,是我的夙愿。下午3时,我就到了石凌鹤局长在江西饭店办公的地方(当时的会是在江西饭店开的)。石凌鹤局长起身迎接我,请我坐,他说:“我今天约你到这里来谈谈,是由于你在小组会上的发言对我很有启发,我想跟你商量一下,把这个发言写成《我是怎样试办鲍家塘文化村的?》,突出这个重点,对发展全省农村基层单位的文化工作,是有好处的。这个材料怎么写,我想从以下几个方面着手。一、介绍鲍家塘的经济基础,着重说明鲍家塘的人口、收入、今昔对比,群众对文化工作的要求迫切程度;二、怎样启发他们逐步建立各种群众文化组织,开展活动;三、坚持业余、自愿、小型、多样,活跃群众文化生活的情况;四、坚持为政治、为生产服务的效果。要有具体实例。”他还说:“你这个发言材料,明天下午3时拿到我这里来,我看一下。”从中可以看到,这个发言材料的提纲已经出来了,写起来就更方便。我就按石局长的意见,写好后按时把发言材料送给他审阅。他看了以后说:“这个发言材料可以。”第二天,我的发言材料便铅印出来了,石局长指定我在会上发言,发言以后,与会同志给予赞赏。从此,在搞文化馆工作这件事上,我在全省便被文化部门的同志知道了，并迎接了全省各地文化部门的同志来都昌指导文化工作。这时，《江西日报》发出了《文化村——鲍家塘》，《人民日报》发出了《鲍家塘的文化生活》等报道，来都昌指导文化工作的人也就越来越多了。这时，我曾接到石凌鹤局长给我的亲笔信，信中叫我把“鲍家塘文化村”改为“鲍家塘农村俱乐部”，并告诉我，可再亲自组织辅导办一个农村俱乐部，开展情况随时向他来信说明。于是，我就在都昌东山明星高级农业社组织他们又办起了一个农村俱乐部。这个俱乐部办起来以后，活动效果很好，省文化局在这里写出了《都昌东山明星俱乐部活动散记》，首先在《江西文化》报上发表，以后江西人民出版社把它出版了。我写的《东山明星俱乐部》在《光明日报》发表了，文化部党组书记、副部长钱俊瑞率领江苏、浙江、广东、福建、湖南、江西、上海等七个省、市的文化局长到东山明星俱乐部视察，给予赞许。东山明星俱乐部因此有了一定的知名度，来这里考察的人就络绎不绝了。

同上北京城

1958 年春，文化部召开了全国农村文化艺术工作会议，省文化局决定都昌文化馆和都昌东山明星俱乐部派人参加会议。当时的县文教局局长问我馆里谁参加此会，我作为主持文化馆工作的馆长，就推荐由新来的党员副馆长参加(我当时还未入党)。因此县里就把名单报给省文化局了。不久，县文教局通知我去参加全国农村文化艺术工作会议，事后知道：原报给省文化局参加全国农村文化艺术工作会议的名单，经省文化局石凌鹤局长审阅后否定说：“参加全国农村文化艺术工作会议的应当是有实践经验的同志和先进工作者，叫一个新来的副馆长参加怎么行?”于是，石局长亲自打电话给九江行署文教处邱家珍处长，指名要我去参加全国农村文化艺术工作会议，因此，邱家珍处长立即挂电话给都昌县委书记王仲发同志。王仲发同志说：“决定谁参加，事先我并不知道，当然应该是程鹏同志参加了。”因此，4 月 16 日我和都昌东山明星俱乐部主任陈仁水赴省文化局报到，带队的是石凌鹤局长，因此，我才有和石凌鹤局长朝夕相处，亲聆他的教诲的机会。到北京开会时，文化部要我在大会上发言，发言稿从推敲到定稿都是石凌鹤局长亲自指导完成的。因此，我的发言在会上引起了反响，被文化部编辑出版。“五一”国际劳动节，我被邀上天安门观礼，真感到这是人生最大的幸福！这幸福的得来，与石凌鹤局长的亲切教诲和培养是分不开的。

都昌现场会

全国农村文化艺术工作会议结束后，石凌鹤告诉我说："不久将在都昌召开全省文化馆工作现场会，贯彻全国农村文化艺术工作会议精神，你要汇报的工作题目定下来了，题为'面向基层，普及文化，坚决贯彻为政治、为生产服务的方针'，都昌其他各个乡镇也要准备交流农村基层文化工作经验。"我带着这些任务回都昌，县里立即召开全县农村文化工作会议，贯彻全国农村文化艺术工作会议精神。

1958 年 5 月 25 日，全省文化馆工作现场会在都昌召开，参加全省文化馆工作现场会的有全省各县（市）文化馆馆长、地（市）文化处（局）长、省直各文艺单位负责人，计 140 多人。会议开始，石凌鹤同志全面传达了全国农村文化艺术工作会议精神。接着，中共都昌县委副书记、县长占日新做了《我们是怎样领导群众文化工作的》发言；中共都昌县徐埠区委书记卢彩昆做了《中共徐埠区委是怎样领导农村文化艺术工作的》的发言；我做了《面向基层，普及文化，坚决贯彻为政治、为生产服务的方针》的汇报；都昌县东山乡明星俱乐部主任陈仁水做了《我们是怎样领导俱乐部开展活动的》的发言；都昌县徐埠镇业余剧团做了《一个业余剧团的组织与发展》的发言。6 月 1 日，石凌鹤局长在会上做了总结，其中说道："都昌县委在认识大力开展群众文化工作重要的前提下，对群众文化工作抓得紧、抓得深，真正做到书记挂帅、全党动员、上下动手。他们的体会是：要领导好生产，就要把文化工作同时领导好，使其促进生产，为生产服务。因而都昌县的群众文化工作得到广泛深入和发展，有力配合和推动了中心工作和生产运动。"

力挺青阳腔

记得在同石凌鹤局长到北京开会的途中，石局长向我说："都昌民间艺术很丰富，你要把它发掘出来，因为民间艺术经过了历史的考验，留存下来是经久不衰的。发掘出来，把它搬上舞台，是会受到人民欢迎的。在这方面，你发掘出来的民间艺术节目，可随时写信给我，使我掌握这方面的情况。”因此，我时刻留意发掘民间艺术，并多次组织专人下乡搜集整理，整理出民间艺术节目《奉茶香》。这是根据采茶戏小段《双望郎》进行改编的，曲调风格独特，地方色彩鲜明。该节目通过会演，获省民歌改编一等奖，演唱者何美容被评为优秀歌手，被省睦艺团调用（后在江西省群众艺术馆工作）。这首优秀民歌由省送上北京，在中南海进行演唱，并获得文化部奖。《红绣鞋》是1959年在民歌《红绣鞋》的基础上，改编成的赣北民间小歌舞剧。该剧是通过绣花鞋来抒发一对青年男女追求幸福婚姻的真挚情感。其中唱道：“红鞋结良缘，花间双蝶欢，哥耕耘来妹绣花，携手并肩绣家园……”在全省农村文艺会演中，该节目获优秀节目奖。

其中特别值得回忆的，是青阳腔的发掘。青阳腔是明代江西弋阳腔的一个支派，都昌称之为高腔，明万历三十八年（1610）由安徽皖南的青阳一带传入都昌。明末清初是都昌高腔戏曲发展的鼎盛时期，由围鼓坐唱转入半职业性班社，剧目均出自文人之手，情节传奇，造句文雅。当时农家子弟借唱戏曲来学习文化、增长知识，因此唱曲文、抄剧本在民间流行开来，手抄剧本几乎家藏户有。都昌剧本之多，可谓全省之冠，不过自抗战以来，大本的剧本大部分已经散失，我们在派人调查发掘过程中，向民间老艺人进行深入的了解，搜集出大、小传奇剧本一百多本，其中，手抄本年代从清同治年间到民国初年。我写信向石凌鹤局长报告，石凌鹤局长立刻回了我的信，叫我准备把这批剧本献给江西省首届剧目工作会。因此，我就请我们馆江常烈同志带领献剧本的老艺人一同到省里开剧目工作会。当江常烈和老艺人等把青阳腔剧本献给首届剧目工作会后，新华社发出专电，报道都昌县戏曲老人把他们保存的49种手抄青阳腔剧本献给正在进行的剧目工作会议。当时来昌参加会议的田汉同志，认为这批宝贵的手抄本为青阳腔的继承与发展，提供了不可多得的珍贵资料。在这批献出的剧本中，有《拜月记》《四友记》《瓦盆记》等全部传奇，还有《宝剑记》《赠玉记》《摔镜架》等单折戏。以前有的专家认为青阳腔剧本中没有表现宋代的戏，这次发掘的《瓦盆记》就说的是包拯断案的故事；《宝剑记》就说的是林冲的故事。通过青阳腔剧本的发掘，中共都昌县委对高腔倍加关注，创办了“都昌县高腔剧团”。1958年5月，省里党政领导为进一步系统挖掘、整理和继承青阳腔这一古老剧种，把都昌县高腔剧团的王和义、查士玉、游图彩、江如雪等十几位老艺人和部分学员上调到省城，编入了江西省古典戏曲实验剧团。

关怀情难忘

石凌鹤局长对我的关怀是多方面的。记得1960年，我在庐山养病，在花径遇到了他，他即向我打招呼，问我几时来庐山的。我说：“我在庐山第二干部疗养院养病。”他说：“你住的房号呢？我明天去看你。”当时有人同行，我告诉他我住的房间，我俩就分开了。第二天下午，他就到了我住的病房来看我，并勉励我安心养病，他说：“这也是战斗，我相信你是这场战斗的胜利者……”1976年，石局长调上海文联，我去拜见他。他问我的近况如何，我就说现在政策还未落实。他询问我的情况后说：“我因现在搞文联，帮你解决这件事就不方便了，我写封信给你，你到北京去找文化部群文局许翰如局长，看他有办法否?”我于是从他手中拿了信，就拜别他，到北京找到了许翰如局长。此后，许局长成了我的师长和知交，在工作中给了我很大的帮助。

我想，我们在纪念石凌鹤局长一百周年诞辰的时候，应当继承和发扬他在社会文化、艺术教育、戏剧创作及各类文艺事业中，从实际出发、紧扣时代脉博、不断探索、开拓创新和笔耕不辍、无私奉献的精神，铭记他为繁荣我国社会主义文艺事业，开创社会主义物质文明、精神文明、政治文明与和谐社会建设全面发展所做的贡献。

钱俊瑞考察都昌农村文化工作

程　鹏

1958年9月14日(农历八月初二),文化部党组书记、副部长钱俊瑞同志率领江苏、浙江、广东、福建、湖南、江西、上海等七个省、市的文化部门负责人前来都昌考察农村文化工作,中共都昌县委书记王仲发同志叫县委副书记、县长占日新同志和我陪同文化部党组书记、副部长钱俊瑞等领导到都昌县的东山、北山等乡考察农村文化工作。到东山乡我们是坐船去的。钱俊瑞同志在船上看到了南山古寺,便指着问占日新同志那叫什么庙。占日新同志答道:这是都昌的风景名胜之一——南山古寺,并向他介绍了北宋杰出的文学家苏东坡在这里写下的诗:

鄱阳湖上都昌县,灯火楼台一万家。
水隔南山人不渡,东风吹老碧桃花。

钱俊瑞同志从衣袋里,拿出笔和记录本,写下了一首和苏东坡《过都昌》原韵的七言绝句:

都昌城外鄱阳湖,烟雾迷漫有渔家。
水隔南山人可渡,东风吹醒满园花。

他将诗作当即交给占日新同志,回头对我说:"程鹏同志,你们文化馆是怎样辅导农村文化工作的?"我即愉快地向他汇报了都昌县文化馆辅导农村文化工作的十条方法:抓重点、抓片地会传授业务知识,抓训练骨干,抓评比,抓总结经验,抓典型宣传,抓宣传农村文化工作方针,抓供应宣传资料,抓会演,抓辅导员。如汇报片地会时,做法是:县以一区为一个片,区则以几个乡为一个片,分别召开片地会。方法是开会前先写好工作计划,报请县委批准,由文化馆干部在当地区乡党委统一领导下召开。参加人员为俱乐部主任和业务剧团团长等。会议内容一般是总结工作、交流经验、传授业务、组织参观。召开片地会的好处是:及时传播先进的经验,充实了俱乐部干部领导活动的本钱。有人形容片地会的作用说:"片地会,好处多,好的经验来传播,学歌学舞学排戏,服务生产本钱多。”

我向钱俊瑞同志汇报了组织俱乐部开展典型宣传，对推动生产的作用很大。如东山乡明星社的妇女出工人数不多，俱乐部立即抓住王赛娥这一好典型，把她的材料编成顺口溜登在油印小报上：“十一队三组，妇女王赛娥，天天都出工，从未偷过闲。开塘忙挑土，担担不离肩，日夜都坚持，赛过男子汉。”这篇顺口溜登出来后，首先在组里唱开了，接着在全队、全村、全乡唱开了，鼓动了其他妇女也天天出工了。再如耀光社有个女社员叫郑春花，好吃懒做，从不做工。俱乐部也编了一首快板：“郑春花，天天懒，日上三竿床上眠。说她是猪她是人，说她是人不生产。”当这首快板传到郑春花耳朵里时，引起她一场痛哭，自此以后，她不但参加生产，而且被评为社里的生产模范。

我还汇报了抓辅导员的事宜。我们在全县小学教师中，联系了 162 人做农村俱乐部的辅导员——平均每乡有 3 至 4 人，通过他们加强对农村俱乐部的具体辅导。办法是：一方面发动各个俱乐部分别聘请；另一方面抓住寒暑假县或区、乡召开小学教师会议时，利用空余时间组织教师座谈，进行动员和联系，并有教师们在会上交流辅导经验，研究辅导中存在的问题。这样，扩大了辅导队伍，丰富了俱乐部的活动内容。如源头乡县小的老师和耀光社俱乐部签订了教歌、排戏等合同，并在星期天组织学生和俱乐部开联欢会。群众高兴地说：“爱社日，星期天，有歌舞，有宣传。推动生产效果大，感谢我们辅导员。”我说到这里，钱俊瑞同志即说：“你们辅导的办法很好。因为你们依靠党领导的办法，都是事前拿出具体计划来，请示县委批准后执行，真正做到党的中心工作是什么，你们就辅导文化宣传活动搞什么，当然会受到群众的欢迎，望继续努力，寓教育于文化娱乐之中，贯彻‘灵活多样，小型为主’的方针，多采取田间地头分散活动，以鼓舞生产热情，活跃群众的文化生活，积极促进生产的发展，为政治服务，为当前中心工作服务，为生产服务。”

这时，船已到东山乡了，等候在湖边迎接的业余团和歌舞队敲锣打鼓，跳舞唱歌，迎接钱俊瑞同志的到来。东山乡党委书记段兴中和明星俱乐部主任陈仁水走上前来迎接，和钱俊瑞同志等一一握手。然后段兴中和陈仁水在前面引路，走在路上，看到了数不清的田间报牌满布田间、路旁、村口，牌子上图文并茂。另外引人注目的是，每家每户墙上都粉刷得白白的，这是社员们讲卫生的成绩。白白的墙壁，给明星俱乐部宣传员们大开方便之门，到处写着斗大的红字宣传标语，如“修塘如修仓，积肥如积粮”等，加上一幅幅的壁画：水利化、绿化、车子化……真是绿的树、白的墙、红的字，有诗，有画，绚丽夺目。

我们来到明星俱乐部，走进俱乐部的大厅，左边是宽敞明亮的图书室，图书满架，坐在椅子上看书的人很多。钱俊瑞同志走进图书室，大家都自动起立，喊钱部长好！钱俊瑞同志即挥手致意说：“大家好！”看完图书室就到了文艺创作室，很多文艺宣传材料挂在墙上，钱俊瑞即拿下来翻看，边看边说：“这些宣传材料编得很好，配合党的中心工作及时。”

这时，广场上的演出开始了，钱俊瑞和同来的七个省、市的文化局局长，便坐在主席台上看演出。首先是业余剧团演出的合唱《没有共产党就没有新中国》《社会主义好》《四十条纲要到农村》《中共都昌县委六件大事》，接着是《喜盈门》《小演唱》。中共东山乡党委书记段兴中同志唱了鼓书《十查生产》，儿童们跳起了《祖国花朵红艳艳》的舞蹈，弹腔老艺人用民间乐器的锣鼓、胡琴、唢呐、笛子等演奏坐堂戏。独唱、联唱、龙灯、狮舞、采莲船等节目丰富多彩，每一个节目演完，全场群众都是掌声如雷。

演出结束，钱俊瑞同志站起来为演出人员和群众热烈鼓掌，并说：“你们的文艺活动开展得很好，今天眼见为实。”说着，他走到群众中间，同群众跳起了《团结舞》。此时此刻，大家沉浸在一片欢乐幸福的海洋之中，这份幸福感也铭记在都昌东山人民心里，传为美谈。

下午，转道北山，一路上看到村庄墙壁显眼处有壁报、壁画，凉亭道旁、路口都竖着田间报、黑板报，诗歌如海，表达北山人民美好的愿望。如：

社会主义是天堂，没有文化不能上；
文化随着生产走，生产到处打胜仗。
高山远山森林山，近山低山花果山；
公路两旁林荫道，村庄左右是果园。

快到北山乡政府门口，只听见锣鼓喧天、男女老幼跳舞唱歌，表演龙灯、狮舞、采莲船等，欢迎钱俊瑞同志的到来。钱俊瑞同志走进北山乡写作展览会，展览会门口贴着醒目的红对联，左边是“红秀才文武双全”，右边是“好文章促进生产”。走进第一室，乡党委余式旺书记就向钱俊瑞同志说：“早在去冬至今春，这里的文艺创作活动,在合作化形势的鼓舞下朝气蓬勃,民歌快板风起云涌,出现了‘生产越紧张,创作越活跃’的新局面。各社都建立了创作委员会,各生产队都建立了创作小组,领导带头写,在田间随编随唱。树荫下,凉亭里,地头边,夜校里,三五成群,凑在一起,有空就集体创作,母女、夫妻、兄妹、妯娌互相赛诗,就连老人和儿童也是快板、山歌不离嘴。十多个月来,全乡出现了1230个农民作者,群众的创作已是成千上万,他们把这些诗歌写上墙、贴上板、插上画、印成册、唱出来,成为政治宣传鼓动生产的工具。”

走进第二室,余式旺指着墙上布满的“写作园地”和“赛诗会”专栏,对钱俊瑞同志说:“这些作品绝大部分是刚扫除文盲的农民自己创作的,形式多样,短小精悍,有着浓厚的生活气息,它直接反映了劳动人民的思想、感情、要求和愿望。”钱俊瑞同志看到展览室桌子上整整齐齐、层层叠叠地摆满了干部、农民、工人、学生、教师创作的山歌、小演唱、论文……显得很高兴,就说:“真是文化随着生产走,生产文化双丰收。”

走进第三室,像走进了图画世界一样。农民绘出了乡、社建立的肥料厂、石灰厂、砖瓦厂、皮革厂,绘出了粮食、棉花,好一派丰收的景象,还创作了富有民间艺术风格的美术作品。从这里可以看出农民的聪明才智和豪迈的感情,他们不但是劳动者,而且是最出色的画家。

展览室还展出了社、队、俱乐部学习的喜报和挑战书,充分反映了农业合作化中的辉煌成就,反映了劳动人民征服自然、创造美好生活的英雄气概。

钱俊瑞同志看完了写作展览会,特别高兴地对余式旺书记说:“这里展出的作品,给我留下了难忘的印象。这是社会主义文艺在这里生根、萌芽、开花的见证。”

这时候,余式旺同志把钱俊瑞同志引到北山乡农民赛诗会来了。恰好,他们举办的写诗、诵诗“赛诗会”,正在拉开序幕。

社主任余式云的开场诗:

八月桂花正飘香,领导考察来我乡。

我们吟诗千万首,首首献给共产党。

五十六岁的老农邵同惠:

共产党,比娘亲,人人文化大翻身。

江河为墨地做纸，写不尽党的恩情。

妇女吴银春：

村村壁画画满墙，人人都是美术家。

歌颂生产画生产，促进生产力量大。

青年余友鹏：

口不唱歌冷清清，唱支山歌有精神。

山歌越唱声越高，一心生产不留停。

赛诗台上，一个接一个，如滚滚长江，源源不断。钱俊瑞同志神采奕奕，也走上了赛诗台，吟咏出：

北山乡是幸福乡，春色满园百花香……

这时，天色已晚，钱俊瑞同志回到都昌县城休息已是"灯火楼台一万家"了。事后，九江人民出版社曾把北山的写作展览会诗稿和赛诗会的诗歌汇集起来，精选出版了《北山诗歌选》。

时移境迁，钱俊瑞副部长来都昌视察农村文化工作已过去 56 年了。都昌南山博物馆永久性文化碑廊，刻着钱副部长 1984 年修改后的《和苏诗》："都昌城外鄱阳湖，烟雾迷茫多渔家。水傲南山人竞渡，东风吹放满园花。"

邵式平与新妙湖

邵初华

新妙湖原名北庙湖。北庙位于都昌县城之北二十里处,故称北庙,当年与位于县城的南庙并称为"都昌南北二庙"。北庙临湖而立,位于都昌县汪墩乡细桥东北方向的飞凤山。所谓飞凤山,也不过就是一条由陆地伸向湖心的余脉,有山之名而无山之实,只能算是鄱阳湖边一座半岛。三面环水,一面朝岸,庙就在这半岛之尽头。由于北庙的存在,那片湖域也被称为"北庙湖"。

据说北庙同南庙一样,都是祭祀东晋名臣陶侃的庙祠,所以旧时又称"陶公庙"。至于北庙建于何年,已是难解之谜。据同治版《都昌县志·艺文志》记载:"北庙在治北二十里飞凤山上,有庙九十九间,今废。但未传其鼎建时代,元至正四年(1344)县丞翟复重修有记。"从这段记载可以看出北庙当年规模之壮观,气势之恢宏。特别是其中"有庙九十九间"六个字,让人遐想。有民间传说:当年"九十九间"并非庙宇,而是皇家宫阙,天子气象。传说晚唐诗人罗隐从上天请来鲁班师傅,要他一夜之间在这里造一百间金銮殿。当鲁班造了九十九间时,因为土地爷承受不起,就假装三声鸡啼,结果让鲁班误以为天亮了,就慌忙逃回天廷,于是就留下了这"九十九间"气势恢宏的"金銮殿"。传说终归是传说,现存北庙大厅中那两根高大精美的龙柱,无疑是北庙的镇庙之宝。龙柱三米多高,上面浮雕着两条巨龙,在云中翻腾,下面雕刻的是海水浪花。柱下础石上雕刻着莲花纹饰,同样栩栩如生。浮雕的龙身肥美硕壮,一片片龙鳞圆润浑厚。从刀法风格上看,也许是唐朝的产物,但有待史学家考证。

旧时多宝、北山两地有北庙湖一水相隔,大坝之南有黄沙滩渡。秋冬时节,水落老港,雨雪时作,寒风怒号,湖滩泥水漫漫,行人极为不便,时有冻死者。崇祯四年(1631),南康府推官、浙江人钱启忠对此十分担忧,毅然捐俸采购石料、招募技工、设法架桥,许君擢等人倾囊以助并组织实施,乡民纷纷献工出力。经一年努力,建桥九眼、石堤五座,石路共长八百七十九丈,并在北山乡邵家山脚下,建"广福庵"(俗称"渡头庵"),供行人休息。自此以后,三百余年间,这座桥极大地方便了多宝至北山的过往行人。为了纪念钱启忠修桥的义举，此桥故名“钱公桥”。此桥竣工时，辞官在家的（兵部左侍郎）余应桂，对此造福乡梓的事大加赞赏，于是作《钱公桥碑记》，此碑树立在广福庵傍，载入同治版《都昌县志》中。1960 年 9 月，兴建北庙湖大坝，钱公桥完成了它的历史使命，但是钱启忠、许君擢等人的义举，永存后人的记忆之中。

北庙湖大坝于 1960 年 9 月开工建设，1962 年竣工。1960 年，江西省省长邵式平视察北庙湖大坝，题“新妙大坝”四字，从此，北庙湖更名为“新妙湖”。大坝于邵家湖、马鞍山的两山脚之间筑堤建闸，将湖汊与鄱阳湖隔断，湖汊因而演变成独立的内湖。湖形极不规则，呈枝杈状，水位 18.00 米（吴淞高程），长 10.55 公里，最大宽 6.5 公里，平均宽 4.53 公里，水域面积 47.79 平方公里，最大水深 8.23 米，平均水深 5.23 米。新妙湖水产场始建于 1960 年，原为北庙综合垦殖场，1962 年更名为新妙湖水产养殖场，隶属于江西省水产厅管辖，1973 年下放都昌县管辖。养殖场以青、草、鲢、鳙、鲤鱼，河蟹等水产品为主，近年来产量在 1500 吨左右，具灌溉、养殖等综合利用效益，涉及五个乡（镇）16 万人口。

1960 年 9 月，江西省省长邵式平从星子来都昌新妙湖区视察，并填词《浣溪沙·都昌县》一首：“星子乘船去都昌，新妙绕道观鱼（渔）场，饱赏山色与湖光。屈指恰好是重阳，无怪湖山尽秋装，人民公社收割忙。”

高志民、章学海和都昌船厂

曹达启　余星初

交通部水运工业局局长高志民、总工程师章学海和都昌船厂结下了不解之缘。

1967 年，厂部成立临时革委会，占太熺任主任，王仁梅副主任。同年 12 月，星子县（今庐山市）沙湖山垦殖场要造一艘铁质轮，把任务交给了都昌船厂。接受任务后，厂部组织老师傅开座谈会，认真总结经验，分析困难，讨论克服困难的办法，在带头的曹正梅、占开志、占先梅、王学兰等同志的影响下，经过全厂工人共同努力，只用了 7 个月时间，造出了一艘 120 马力的钢质铁船。全厂工人一致同意将此船命名为“三忠号”。1968 年，江西工业战线在南昌召开“双代会”。在“双代会”上，王仁梅同志代表厂部发言，介绍了都昌船厂自力更生、艰苦奋斗、白手起家造铁船的事迹，当代表们听到工人们用榔头、铲子斩铁板，手上起了血泡，贴上胶布再斩；厂房不够高度，工人就躺在船体底下烧焊，脸烫伤了贴上胶药也不休息；尾轴比车床还长，工人就把三台破旧车床对拢加工……无不为都昌船厂发扬愚公移山、敢于战胜一切困难精神所感动。会议期间，未竣工的“三忠号”驶往南昌，大会组织全体代表上船参观。代表们一致认为，一个修造木船的小厂能造出这样的好船，确实不易，而且成本低、质量高，具有载客、装货、拖运多种性能，更加难能可贵。江西船厂组织全体干部、职工上船参观，深受感动。

都昌造木船小厂造出钢质铁船，消息传到北京、传到交通部、传到六机部、传到水运工业局。水运工业局局长高志民、总工程师章学海迅速赶来都昌，考察船厂，为都昌船厂的事迹和精神所感动。交通部、六机部先后在都昌船厂召开现场会，授予“水上大寨”“全国水运工业战线的一面红旗”称号。先后组织 22 个省市、两部所属系统，沿海各大船厂，长江沿线各造船厂，共计 9 万多名代表来都昌参观。两部召开各类全国性会议，也通知都昌船厂派代表参加，介绍经验。1969 和 1970 年，时任江西省委书记程世清先后两次来厂视察；1971 年，王震同志来厂视察。

一时间，都昌船厂红遍全国，誉满神州。

肖峰填词讴歌都昌 2799 项目

邵初华

“噫吁，十万人洒江天，天公亦歌讴。见村姑斗泥，虎生炸砾，一代航舟。此处人地三分，唤醒洼荒洲。唯二七九九，无语风流。

陂塘颀长秀瘦，惹庐山狂笑，鄱湖娇羞。种黑麦丹苏，草催尾越游。细精养，鲤肥鲢跃，招来那，远客商贾瞅。水泊园，凫逐鸥鹭，造化春秋。”

此词是 1987 年冬，原国家水产总局副局长肖峰视察我县 2799 项目区时，填的一首《八声甘州・赞江西都昌粮援项目工程》。时任县委书记严晴瑞将此词草书刻于南山碑亭，让都昌人民永久纪念。28 年过去了，“2799”作一个特殊的数字符号，对四十岁以上的都昌人来说并不陌生。同时，它与一位已故老领导、老局长紧紧相连。可以说，没有肖峰老领导的协调、联系、支持，就没有都昌的 2799 项目。

肖峰，中国共产党优秀党员，原国家水产总局副总局长。原名赵焕彩，1926 年出生，山西孝义人，抗大毕业。1939 年参军，1941 年加入中国共产党。抗战时期，一直在一二〇师司令部工作，后转入抗大学习。解放战争时期，先在东北抗日民主联军总政治部工作，后转地方工作；新中国成立后，先后在区、县、地区、省、国家机关分别任区委书记、县委书记、地委副书记、省水产厅厅长、国家水产总局副局长、农业部党组成员。十一届三中全会后，国家开启了改革开放。那是 1983 年，有一个“可靠消息”，那就是联合国粮食计划署准备援助中国贫困地区，发展水产养殖。这个“可靠消息”的泄露者，就是肖峰老领导。县委、县政府的领导们，自然不会放过这个机遇。他们在思索、商讨、奔走……由科技人员、政府领导组成的工作班子开始了工作，在省、市项目办的指导下，紧张地进行这一项目在都昌实施的可行性研究和论证。一份 55 字的申请书及资料送了上去。报告被农牧渔业部批准了，农牧渔业部、财政部、外交部、外经部的联合报告被国务院批准了，联合国粮援组织决定派员来实地察看。

1986 年 12 月 1 日开工，全县人民奋斗了三个冬天，共建设精养鱼池

16548.46亩，其中：成鱼池15392.79亩、种鱼池1155.67亩。涉及矶山湖、周溪、三汊港、土塘、狮山、大沙、西源等乡镇，总投资2400余万元。

28年过去了，2799项目留给了都昌人民深深的记忆，唱出了一曲鼓舞士气、激发斗志的会战之歌（时任都昌县委书记严晴瑞撰写）："二七九九，都昌所有。国际支援，全县动手。干群同心，团结战斗。十万雄兵，争魁夺首。保质保量，一丝不苟。建功立业，造福千秋。"这首歌向我们描绘了一幅"六家班子挂帅、五级领导上阵、十万大军参战"的动人画卷，体现了都昌人民"敢打大仗、硬仗、恶仗"的气概和魄力，创造了一种"奉献、创业、进取、协作"的会战精神，出现了"夫妻同参战、父子齐上阵，童子军、娘子军、胡子军三军齐战"的动人场面，实现了科学决策、施工、管理三同步。

28年过去了，2799项目奏响了都昌水产的动人乐章：从亩产300斤，到现在亩产2400斤，2799项目区是都昌水产的一个缩影；从人放天养，到集约化养殖，2799项目区是都昌水产的一个示范；从高密度养殖，到鱼蚌混养，2799项目区是都昌水产的一个榜样；从凭经验看水色，到水质在线监测系统，2799项目区是都昌水产的一个样板。我们难于统计，有多少湖区人在2799项目区走出了富裕之路；我们难于描述，有多少人为2799项目奉献了青春、智慧而无怨无悔。

28年过去了，2799项目又迎来了生机勃勃的第二个春天。从2008年开始，在中央财政3000万元的支持、引领下，大面积、分批次进行池塘清淤、护坡，修复进排水系统、池间公路、闸门及输电线路等配套工程。无公害养殖基地、省级产业龙头企业、省级"农家乐"旅游基地、省级现代农业示范区、全国健康养殖基地……一项项目荣誉接踵而至，2799项目脱胎换骨、浴火重生。

前些年，本人亦步肖峰《八声甘州》余音，和填之，以此来纪念这位老局长、老领导、老革命家，词曰：

"见片片碧玉摧江天，妙笔请谁讴。有乌龙戏水，翠阁红楼，曲港扁舟。此处灯火万家聚，彭蠡见瀛洲。睹碧波空森，岁岁清流。

世代渔歌悠远，逗彭郎俊秀，姑女含羞。引小米仙草，招鹅鸭群游。喜佳期，猪肥鱼跃，待发时，商贾集湖阪。矶山畔，淡烟垂柳，荫郁千秋。"

证严法师与都昌慈济中学

郭继恩

每当人们跨进都昌县蔡岭慈济中学大门,校园南面草坪上一块汉白玉石纪念碑便映入眼帘。这是为纪念台湾佛教慈济慈善基金会当年捐款兴建这所学校的功德而竖立的。碑文的开头写道:"福田一方,邀天下善士;心莲万蕊,造人才摇篮……"这里的确是一方福田。环顾两百多亩校园,24 幢高大宏伟的建筑错落有致地耸立,宽广的操场上生龙活虎的小青年正在开展各种体育锻炼,条条平坦的水泥路边草坪如茵,绿树成行。如今全校可容纳 4000 余名初、高中生在校寄宿就读,真可谓莘莘学子的幸福天堂、有志青年成才的摇篮。十多年前,这里还是一片荒山,又是怎么邀来天下善士投下巨资建校的呢?

那是 1994 年 4 月 5 日,一场特大的龙卷风挟带着鸡蛋般的冰雹突袭我县大港地区,仅二十多分钟,大风过处无不造成严重灾害;大片庄稼被毁,民房倒塌,本来就破旧简陋的校舍全部倾覆,瓦砾满目,砖木狼藉,触目惊心。师生只好含泪停了课。

正所谓"老天无情人有情"。当媒体对这场灾难的新闻报道传到祖国宝岛台湾,在都昌旅台同乡会的引荐下,台湾佛教慈济慈善基金会的证严法师看了报道和照片,当时就流下了眼泪。他立即指令该会驻上海办事处派员赶赴都昌实地勘灾。该基金会的副总执行长王端正先生同上海办事处的工作人员一次又一次来到大港,除直接救助受灾严重的农户外,特意决定捐资 15 万元人民币,帮助大港小埠小学重建校园。

台湾佛教慈济慈善基金会同胞的真诚奉献,使都昌县委、县政府领导深受感动。同时,通过多次沟通,他们了解到这个基金会是由台湾一位尼姑上证下严上人(简称证严法师),秉承佛陀"无缘大慈,同体大悲"的精神,结合 5 位同修弟子及 30 位信众成立的,开始名为慈济功德会,白莲花是该会的标志。她们以每天增产一双婴儿鞋,每日节省 5 角钱菜金开始,以聚沙成塔的意志,从事济贫教富、慈善救人的事业。她们的理想是:以慈悲善舍之心,起救苦救难之行,以乐拔苦，缔造清新、洁净的慈济世界。至1984年6月，会员已发展到461万人，委员近5000人，遍及海内外。广大信侣通过化缘、募捐、自办产业等办法，积累了数以亿计的基金，工作目标涵盖慈善、医疗、教育、文化等四大行业。在人世行为中，他们坚持“诚、正、信、实”的原则，广邀天下善士，同耕一块福田，闻声救苦，即时解难，聚合大众群体力量，勤植万蕊心莲，同造爱的社会，因而在世界各地威望极高，影响极大。这种深度的了解，使县委、县政府领导们产生了一个大胆的想法，为何不求助慈济人，为都昌东北部地区农村再建一所上规模的完全中学，以圆多年夙愿呢？陪同慈济基金会副总执行长王端正先生勘灾途中，县委书记刘千喜、县政府主管教育的副县长易志刚直截了当地向王先生说出了心里话：我县是个经济穷县，要发展都昌经济，首先要发展都昌教育。我们早就想在农村兴建一所像样的中学，可是受到经济制约，一直未能如愿。这一次机会难得，希望能得到慈济基金会的大力支持。王先生对此十分重视，实地考察后，建议都昌提出一个初步设想和概算，申报基金会董事会讨论。不久，在上海龙门宾馆，双方就援建蔡岭慈济中学的有关问题进行了认真磋商。商讨中，都昌原计划校园面积为100亩，基金会认为：为子孙后代造福，要着眼于21世纪的发展与竞争，按“一流”标准，校园面积至少要达到200亩。200亩这个建议，气魄宏大，具有战略眼光，凝聚着慈济人诚挚的爱心，使都昌与会代表为之振奋。当远在都昌的陆元初县长从电话中得到这个请示建议后，更是激动不已，当即拍板。于是，两岸同胞达成共同心愿，形成十点共识，并签署了备忘录。根据都昌提供的规划与概算，基金会承诺，在都昌提供基地，保证“一平三通”的前提下，将捐资814万元人民币，主要用于土建工程。

“这是一个千载难逢的机遇，举全县之力，也要把这件惠及子孙后代的好事办成！”陆县长这斩钉截铁的决断，代表了全县人民的共同心声。政府一声令下，各部门、各单位迅速响应，各尽所能，通力合作，一路绿灯。不到半年，蔡岭镇203亩地皮一次性征划到位，14台推土机日夜施工，移走土石23万方，打井通水，变压增容，改建通道，反复七次设计，政府投入配套资金300多万元，顺利完成前期准备工程，得到基金会满意的肯定。1995年6月22日，援建蔡岭慈济中学协议书正式签订，并举行了隆重的奠基典礼。

蔡岭慈济中学的建设，不仅体现了台湾佛教界同胞的博大爱心，同时充分展现了该会“诚、正、信、实”的行为风范。

如果说把100亩校园面积主动建议扩大到200亩体现了慈济人的眼光卓远、爱心博大,那么海峡两岸反复7次修改设计方案,视察指导12批200余人次,追加75万元援建款项则体现了慈济慈善基金会的诚信求实、乐善利民。记得在蔡岭慈济中学竣工庆典上,王端正先生曾讲道:“很多海内外学者、专家都认为21世纪是中国人的世纪。我们身为中国人,为这句话一则是喜,一则是忧。喜的就是国际人士对中国人看得起;忧的则是在21世纪,中国人必须奋起,要团结起来,要振作起来,才有办法成为21世纪的主人。在这种情况下,我们认为难莫难于育才,急莫急于教育。人才是国家发展的基础,教育又是人才的摇篮。”这正是该基金会发扬人间佛教“庄严国土,利乐有情”的优良传统,奉献千万元巨资援建慈济中学的宏愿指归。春去秋来,时间老人不觉匆匆走过了12年。作为当年援建的亲历者,每当我走过慈济中学,看见那美丽的校园,脑海心际总不免浮现出当年那热烈的建设场面,想起慈济基金会同胞的大德高风,尤其是在中央电视台《海峡两岸》节目里看到记者采访台湾佛教慈济慈善基金会证严法师的镜头,看见她那瘦弱的身姿,慈祥清癯的面容,更禁不住迸出激动的泪花,心中油然涌出四句感言:

仰视证严女住持,慈容厚爱碧天垂。
心莲万蕊亲培植,奉献无私永世师。

名人咏都昌

黄顺智　编

彭蠡小龙记

［宋］沈括

彭蠡小龙，显异至多。人人能道之，一事最著。

熙宁中，王师南征，有军仗数十船，泛江而南。自离真州，即有一小蛇登船。船师识之，曰："此彭蠡小龙也，当是来护军仗耳。"主典者以洁器荐之，蛇伏其中。船乘便风，日棹数百里未尝有波涛之恐。不日至洞庭，蛇乃附一商人船回南康。世传其封域止于洞庭，未尝逾洞庭而南也。

有司以状闻，诏封神为顺济王，遣礼官林希致诏。子中至祠下焚香毕，空中忽有一蛇坠祝肩上，祝曰："龙君至矣。"其重一臂不能胜，徐下几案间，首如龟，不类蛇首也。子中致诏意曰："使人至此，斋三日然后致祭。王受天子命，不可以不斋戒。"蛇受命，径入银香奁中，蟠三日不动。祭之日，既酌酒，蛇乃自奁中引首吸之。俄出循案行，色如湿胭脂，烂然有光，穿一剪彩花过，其尾尚赤，其前已变为黄矣，正如雌黄色。又过一花复变为绿，如嫩草之色。少顷，行上屋梁，乘纸幡脚以行，轻若鸿毛，倏忽入帐中，遂不见。明日子中还，蛇在船后送之，逾彭蠡而回。

此龙常游舟楫间，与常蛇无辨，但蛇行必蜿蜒，而此乃直行，江人常以此辨之。

清隐禅院记

［宋］黄庭坚

发豫章下流，略鄱阳之封，据彭蠡上游，距落星湾舆行一舍。舟行百里，有大聚落，是为古之鄡阳，今为都昌县治所。山悠而水远，能阴而善晴，升南山而望之，如李成、范宽得意图画。盖南山之于都昌，如娟秀人，直其眉目清明处也。其东则谢康乐翻经台，其西则石壁精舍，见于康乐之诗。石壁之湾洄，古木怪石，又陶桓公之钓台也。野老岩之下，盘折为隈隩，其土泉甘而繁松竹，曰清隐寺者，唐泰陵皇帝所赐名也。其后县令陈杲用咸通敕书，改筑于南山之阳。自尔余百年，阅废兴多矣，守者非其人，至无用庇风雨以食。熙宁甲寅，令王师孟初得庐山僧建隆主之，遂为南山清隐禅院。乙卯丙辰而隆卒，长老惟湜自庐山来，百事权舆，愿力成就，而僧太琦实为之股肱。于今八年，宫殿崇成，凡所以安众作佛事者，靡不斩新。松竹欣欣，安乐雨露，而无斧斤。引高泉以致日用，器械奇巧，如人血脉周流于百体也。阴房藓壁，户牖通达。昔者虫蛇之寝庙，虎豹之燕居，无不畚筑丹垩。粪其宽衍以为园蔬，老者有所休，壮者有所游，少欲而常足，无聚禄而果人之腹。

余得意于山川以来，随食南北二十年矣，未尝不爱乐此山之美，故嘉叹清隐之心，赏风月而同归。清隐曰："吾与子同与不同，付与五湖云水，惟是艰难以至燕乐，强为我记之。"清隐出于福清林氏，饱诸方学，最后入浮山圆鉴法远之室。浮山，临济七世孙，如雷如霆，观父可以知子矣。

入彭蠡湖口

[南北朝]谢灵运

客游倦水宿，风潮难具论。
洲岛骤回合，圻岸屡崩奔。
乘月听哀狖，浥露馥芳荪。
春晚绿野秀，岩高白云屯。
千念集日夜，万感盈朝昏。
攀岩照石镜，牵叶入松门。
三江事多往，九派理空存。
灵物郄珍怪，异人秘精魂。
金膏灭明光，水碧缀流温。
徒作千里曲，弦绝念弥敦。

石壁精舍还湖中作

［南北朝］谢灵运

昏旦变气候，山水含清晖。
清晖能娱人，游子憺忘归。
出谷日尚早，入舟阳已微。
林壑敛暝色，云霞收夕霏。
芰荷迭映蔚，蒲稗相因依。
披拂趋南径，愉悦偃东扉。
虑淡物自轻，意惬理无违。
寄言摄生客，试用此道推。

入彭蠡经松门观石镜缅怀谢康乐题诗书游览之志

［唐］李白

谢公之彭蠡，因此游松门。
余方窥石镜，兼得穷江源。
将欲继风雅，岂徒清心魂？
前赏逾所见，后来道空存。
况属临泛美，而无洲渚喧。
漾水向东去，漳流直南奔。
空濛三川夕，回合千里昏。
青桂隐遥月，绿枫鸣愁猿。
水碧或可采，金精秘莫论。
吾将学仙去，冀与琴高言。

彭　蠡　湖

［唐］张九龄

沿涉经大湖，湖流多行泆。
凌晨趋北渚，逗浦已西日。
所适虽淹旷，中流且闲逸。

瑰诡良复多，感见乃非一。
庐山直阳浒，孤石当阴术。
一水云际飞，数峰湖心出。
象类何交纠，形言岂深悉？
且知皆自然，高下无相恤。

宿彭蠡馆

[唐]罗隐

孤馆少行旅，解鞍增别愁。
远山矜薄暮，高柳怯清秋。
病里见时态，醉中思旧游。
所怀今已矣，何必恨东流。

过都昌

[宋]苏轼

鄱阳湖上都昌县，灯火楼台一万家。
水隔南山人不渡，东风吹老碧桃花。

题都昌清隐禅院

[宋]苏辙

北风江上落潮痕，恨不乘舟便到门。
楼观飞翔山断际，松筠阴翳水来源。
升堂猿鸟晨窥坐，乞食帆樯暮绕村。
谁道溪岩许深处，一番行草认元昆。

除夜泊彭蠡湖遇大风雪

[宋]苏辙

暮发鄡阳市，晓捞彭蠡口。
微风吹人衣，雾绕庐山首。

舟人释篙笑，此是风伯候。
杙舟未及深，飞沙忽狂走。
暗空转车毂，渌水起冈阜。
众帆落高张，断缆已不救。
我舟旧如山，此日亦何有？
老心畏波澜，归卧塞窗牖。
土囊一已发，万窍无不奏。
初疑丘山裂，复恐蛟蜃斗。
鼓钟相轰豗，戈甲互磨叩。
云霓黑旗展，林木万弩彀。
曳柴眩人心，振旅拥军后。
或为羁雌吟，或作苍兕吼。
众音杂呼吸，异出殊圈臼。
中宵变凝冽，飞霰集飞糅。
萧骚蓬响干，晃荡窗光透。
坚凝忽成积，澎湃殊未究。
纻缟铺前洲，琼瑰琢遥岫。
山川莽同色，高下齐一覆。
渊深窜鱼鳖，野旷绝鸣雊。
孤舟四邻断，余食数升糗。
寒齑仅盈盎，腊肉不满豆。
敝裘拥衾眠，微火拾薪构。
可怜道路穷，坐使妻子诟。
幽奇虽云极，岑寂顷未觏。
一年行将除，兹岁真浪受。
朝来阴云剥，林表红日漏。
风椶恬已收，江练平不皱。
两桨舞夷犹，连峰吐奇秀。
同行贺安稳，所识问癯瘦。

惊余空自怜，梦觉定真否。
春阳著城邑，屋瓦冻初溜。
艰难当有偿，烂漫醉醇酎。

彭 蠡 湖

［宋］朱熹

茫茫彭蠡杳无地，白浪春风湿天际。
东西捩柁万舟回，千岁老蛟时出戏。
少年轻事镇南来，水怒如山船正开。
中流蜿蜒见脊尾，观者胆堕予方咍。
衣冠今日龙山路，庙下沽酒山前住。
老矣安能学佽飞，买田欲弃江湖去。

过彭蠡望庐山

［明］解缙

扁舟过彭蠡，远远见庐山。
巨石危将堕，阴云去复还。
平铺三百里，高出九霄间。
久在风尘际，览观心自闲。

蝶恋花·名宿情缘

（写在《名人与都昌》付梓之际）

袁德赞

索隐选题编撰巧，过往名儒，行迹知多少？
传说纷纭争未了，鄱湖淘尽烟波渺。
苏子一诗人共晓，情意绵绵，隔水相思绕。
灵运塔高天路陡，南山仰止印山俏。

跋

本书收入的是邑外名人与都昌的事例，编者力求已知的记载和传说，均能入集。但在客观上是有差异的，本书收录的只能是大部分或者一部分，遗漏肯定存在。

入选本集的文稿，大部分为组织新编撰写的，也有一部分为其他书籍原有的，一般征得作者同意，“借用”入集。这可起到反复宣传、扩大影响的效果。

毋庸置疑，有些篇幅，有些人物和行实，可能会有争论，会有不同见解和看法。这是正常的，争论对文化学术是有好处的，通过对不同看法的沟通和争论，可以明辨是非、鉴别真伪，这有什么不好呢？

本集文史称《名人与都昌》，这里的名人指邑外名人。有篇文字例外，即《陶渊明生于都昌，长在都昌》。400 年前，乡贤余应桂就肯定陶渊明为都昌人，同治版县志“寓贤”有详细记载。

集中入编同都昌有关的名人，绝大部分是全国知名、有一定影响力的名人，无愧于全国名人，但也有个别例外。有的人士在全国不是很有知名度，但在都昌创造的事迹突出，甚至献出了生命，都昌不能忘了他们。

对邑外名人的介绍，力争详略有度。对大家熟悉的名人，着墨很少；对大家不熟悉的人物，则着墨较多，介绍从详。对有些人物，受资料有限，无从介绍，请读者原谅。

编写稿件，强调尊重历史，尊重事实，文责自负。组稿时间较短，成书仓促，错误之处难免，敬希读者见谅指正。

编　者

2014 年 9 月